인천의 장소 특정성,
걷기의 모빌리티와 도시를 경험하는 예술

인천학연구총서 47

인천의 장소 특정성,
걷기의 모빌리티와 도시를 경험하는 예술

Site-Specificity of Incheon, Mobility of Walking in the City Experienced with Art

정상희

들어가는 말
인천을 중심으로 한 도시 관찰과 예술 기록의 가치

　　오늘날 현대미술의 비평적 이해 및 실천과 확장의 과정에서 도시에 대한 경험과 이해는 많은 자리를 차지한다. 도시의 역사와 현재를 다양한 감각으로 경험하고 기록하는 과정과 방법을 토대로 창작된 예술이 도시를 이해하는데 어떤 역할을 할 수 있을지에 대한 문제는 예술가와 기획자를 비롯한 예술 현장에서의 연구 대상이 되어왔다.

　　2014년 4월 15일, 인천 중구 개항장 지구 중심에 문화예술공간이자 도시연구소인 스페이스아도(spaceADO)가 문을 열었다. 스페이스아도는 2013년 2월에 도시연구를 기반으로 한 기획집단으로 결성된 아도크리에이션(ADOcreation)의 첫 거점 공간이다.[1] 본 연구서는 2013년부터 2019년까지 이어진 프로젝트 아도도시연구(ADO Urban Research)와 함께 시작되었다. 이는 인천 중구에 자리한 도시연구와 시각예술 연구소인 스페이스아도를 거점으로 이뤄졌다. 매해 5인 내외로 구성된 프로젝트 구성원인 여러 분야의 예술가들은 인천 지역을 걷는 과정을 첫 단계이자 주요 과정으로 한 관찰을 시작으로

---

1) 아도크리에이션(ADOcreation)의 첫 번째 거점 공간인 스페이스아도(spaceADO)는 인천 중구 신포로 23번길 80 2층에 2014년 4월 15일에 문을 열었으며, 2019년 1월 31일에 문을 닫았다. 아도크리에이션은 인천아트플랫폼 레지던시에 1기(2010년 3월~2011년 1월)로 입주했던 기획자이자 연구자인 정상희와 이홍규를 공동대표로 2013년 2월 25일에 결성되었다.

하나의 도시로서 인천을 예술가의 시선으로 경험했다. 걷기를 통해 도시를 경험하는 과정은 개별 또는 단체로 상황에 따라 이뤄졌다. 지속적인 경험을 공유하는 세미나를 통해 서로의 의견을 보완해 나갔다. 그리고 그 경험은 창작으로 이어졌고, 결과물은 전시를 통해 대중과 공유하는 과정을 거쳤다. 도시가 지니는 역사를 포함한 유무형의 자산이 예술가의 경험과 만날 때 어떤 방식으로 문화 예술적 콘텐츠로 발전할 수 있는지 그 과정과 가능성을 찾아왔다.

본 연구서는 걷기의 모빌리티의 방법으로 도시를 경험하는 과정을 통해 장소성을 탐구하는 예술의 역할과 의미, 그리고 그 과정에서 인천의 장소 특정성이 예술을 통해 어떻게 다뤄질 수 있는지에 대한 현장 기반 기록을 중심으로 한다. 여기서 다뤄질 예술가들의 도시 인천에 대한 경험의 결과물은 객관적 기록의 의미와는 거리가 멀다. 단순하게 시작한 장소 경험은 관찰과 참여와 개입 그리고 소통의 과정을 거쳐 각 예술가만의 방식으로 재구성된 결과물로 이어진다. 도시를 중심으로 한 학제간 연구가 다양하게 전개되고 있는 오늘날의 도시인문학, 도시사회학, 도시정치학 등과 같이 도시예술학이 학문적으로 기반을 다져야 하는 필연적인 계기와 함께 본 연구는 시작되었다. 본 연구자이자 기획자와 참여 예술가의 인천을 거점으로 시작한 도시예술학적 기획과 실천 행위, 그리고 결과들이 이론적으로 타당성을 얻을 수 있는 기반을 만들어 보고자 한다. 인천을 대상으로 한 예술가의 주관적이면서도 능동적인 도시 관찰이 모티브가 되어 그 장소의 장소성의 가능성을 확장 시킨다. 이와 같은 과정으로 축적된 개인 기억이 예술로 구체화 될 때, 집단기억에 기반한 다소 획일적인 도시의 장소성이 범위를 확장할 수 있다는 실천적 가치를 위한 이론적 근거를 살펴보고자 한다.

　아도도시연구가 나름의 방식으로 인천에 관한 도시연구를 시작한 배경에는 걷기를 통해 천천히 얻어지는 도시에 대한 경험의 중요성에 대한 인식이 있다. 보행자 경험은 많은 순간 돌발적이면서도 파편적인 일종의 영감을 주며, 그것들이 예술가들의 시선에 따라 창작으로 이어져 결과적으로 인천이라는 도시의 더욱 깊숙한 의미들을 발견할 수 있으리라는 가능성을 보았다. 벤야민이 관상학자의 시선이 도시의 참된 특성을 밝혀줄 방법의 하나라고 보았듯이, 도시의 독해에 가장 중요한 것은 같은 대상을 여러 관점에서 바라볼 수 있는 경험의 확장이다. 서로 다른 시선을 지닌 예술가들이 인천의 같은 지역을 경험할 때, 같은 거리를 걸을지라도 바라보는 시선의 방향에 따라 또 다른 도시에 대한 독해가 가능할 것이다.

　지금까지 아도도시연구 외에도 인천과 걷기를 주요 키워드로 만들어진 여러 종류의 자료들이 이미 존재한다. 하지만 타 연구들은 대부분 걷기를 통해 인천을 경험하며 그 과정에서 지역을 알아가는 크고 작은 이야기들을 주요 결과로 공유한다. 하지만, 아도도시연구는 인천을 걷기의 방법으로 알아가는 경험이 예술가들에게 창작의 모티브가 되고, 예술작품으로써 결과물을 만들어 내는 단계를 마지막 과정이자 가장 중요한 과정으로 다뤘다는 차별점을 갖고 있다. 도시에 대해 크고 작은 일상의 경험을 얻음으로써 도시를 새로운 시각으로 이해할 수 있는 통로를 구축할 수 있는데, 이 구축 과정을 실천하기 위한 기본적인 방법을 모빌리티 이론에 근거하여 살펴보고자 한다.

　장소 특정성, 일상의 경험, 로컬리티, 모빌리티라는 사회학적, 지리학적, 미학적 개념은 아도도시연구가 추구해 왔던 지금까지의 현장 연구에 대한 인천학 연구와 현대미술 기획, 그리고 도시연구의 방법론에 있어 의의를 구체화하고 이해하도록 돕는 이론적 기반이 되리라 본다. 하지만 이와 같은 시도가 관찰자의 시선이 개념화되고 관념화되어 한 도시를 이해하는데 혼란을 일으키거나 일종의 편견이 되지는 않기를 바란다. 문화예술을 통해 도시를 이해할 때 수많은 방법의 하나로서 개인의 경험과 기억에 기반한 예술 창작이 특정 도시를 정의하는 공공의 역사적 기록에 기반한 집단기억과 같이 도시를 이해하는 중요한 역할을 할 수 있음을 예술의 입장에서 대변하고자 한다. 또한, 본 연구서를 집필한 주요 이유의 하나는 단순히 특정한 지역을 돌아다니는 경험을 통해 지역을 이해하고 그 안에서 지역을 다양한 예술적 시선으로 표현할 수 있다는 말로는 현장 연구의 의의를 밝히기 쉽지 않았기 때문이다. 본 연구를 통해 지속해서 확장되고 있는 경험을 기반으로 한 도시에 대한 예술가들의 생각과 결과물들이 미술사적이며 도시예술학적으로 토대를 얻을 기회를 만들 수 있기 바란다.

　1장에서는 도시 관찰과 예술 기록에 대해 다룬다. 도시의 장소를 이해하는 방법으로서 집단기억과 개인기억이 어떻게 인천의 장소성을 형성하며 그 차이와 역할에 대해 살펴본다. 그리고 관찰과 경험으로 이어지는 개인 기억에 대해 다루며 도시의 장소성을 찾기 위한 예술가의 역할에 대해 논한다.

　2장에서는 아도도시연구를 설명할 수 있는 키워드로서 보행자의 경험과 모빌리티를 중점적으로 다룬다. 예술이 도시를 모티브로 삼아 경험에 기반한 창조의 과정이 도시에 어떠한 생명력을 불어넣어 줄 수 있을지 생각해본다. 보행자의 파편화된 기록이 인천을 어떻게 읽어낼 수 있는지 살피며, 도시에 대한 다양한 예술적 독해가 이뤄지는 과정과 결과를 모빌리티 이론과 연결하여 분석한다.

3장에서는 인천을 경험하는 보행을 통해 얻을 수는 기록과 기억이 예술이 되는 과정을 현대미술의 장소 특정성을 통해 분석한다. 아도도시연구의 현장 기록으로 축적되어 온 인천의 장소 경험이 예술가의 창작과 이어지는 실례들을 다룬다. 그리고 그 기록을 통해 인천의 장소 특정성이 걷기의 모빌리티에 기반하여 도시를 경험하는 예술로 어떻게 확장될수 있는지 살펴본다.

본 연구는 인천미술에 대한 글이 아니다. 예술이 인천이라는 한 도시를 어떻게 관찰할 수 있으며, 그리하여 인천의 장소성이 예술을 통해 어떻게 드러날 수 있는지에 대한 현장 사례를 통해 분석한 도시를 경험하는 예술에 관한 연구이다. 인천의 장소성을 경험하며 작품이 만들어지는 과정과 결과 안에서 도시가 어떻게 예술적 정체성을 구축해가는지 탐구해온 과정의 기록이다. 자아가 사는 장소들을 탐색하는 과정을 통해 자아를 온전히 발견할 수 있다는 바슐라르의 말처럼, 예술가는 스스로 속한 장소의 탐색을 통해 자아와 예술의 자아를 발견할 수 있을 것이다.

마지막으로 아도도시연구를 함께 기획하고 진행해 온 아도크리에이션 이홍규 공동대표와 참여예술가들, 그리고 끝까지 이 책을 출판할 수 있도록 도와준 인천학연구원에 감사의 마음을 전한다.

2021년 2월
정상희

목차

[들어가는 말]
인천을 중심으로 한 도시 관찰과 예술 기록의 가치 … 5

1장 도시 관찰과 예술 기록

1. 개항장 도시의 장소성 ··· 13

   1) 장소성과 집단기억 ··· 13

   2) 도시 이미지와 장소성 ·· 16

   3) 도시 경험과 개인 기억 ··· 20

2. 관찰자와 경험자의 인천 ··· 23

   1) 도시의 관찰과 경험 ··· 23

   2) 도시의 장소성을 찾기 위한 예술의 역할 ····························· 27

2장 도시, 예술 그리고 모빌리티

1. 예술의 모티브 ··· 32

   1) 창작의 동기 ··· 32

   2) 몸과 장소 ·· 34

2. 창조성과 도시 ··· 38

   1) 예술과 도시 ··· 38

   2) 도시의 생명력 ·· 42

3. 도시 보행자의 탐색 ·· 47

   1) 장소 경험과 파편화된 기록 ························· 47

   2) 경험과 독해 ··· 51

   3) 거리 산책자의 시각 ······························· 58

4. 모빌리티의 패러다임 ····································· 60

   1) 이동과 모빌리티 ··································· 60

   2) 사회를 바라보는 새로운 관점 ···················· 64

   3) 모빌리티 이론과 장소특정성 ····················· 67

5. 걷기의 모빌리티 ·· 77

   1) 보행의 의미 ······································· 77

   2) 보행 문화와 예술가의 걷기 ······················ 79

   3) 모빌리티의 실천과 도시의 이해 ·················· 83

3장 장소 경험과 장소 특정적 예술 실천

1. 장소 특정적 미술의 계보 ······························· 87

   1) 장소 특정성 연구 ································· 87

   2) 장소 경험의 주체 ································· 95

   3) 장소와 해프닝 ···································· 96

   4) 일상과 경험으로서의 미학 ······················ 102

2. 기록과 기억 ·· 104

   1) 보이는 것과 보이지 않는 것의 기록 ·············· 104

   2) 도시 아카이브 ···································· 111

   3) 기능 기억과 저장 기억 ·························· 114

3. 도시의 장소 기억을 다루는 방법 ·············· 116

   1) 도시 읽기 ·············· 116

   2) 사람의 장소 ·············· 118

4. 장소와 경험 ·············· 124

   1) 장소성 ·············· 124

   2) 장소 만들기 ·············· 128

5. 장소 재발견하기 ·············· 135

   1) 진짜 장소와 가짜 장소 ·············· 135

   2) 장소의 환상과 실재 ·············· 137

   3) 인천의 장소 특정성과 로컬리티의 확장 ·············· 151

나오는 말 – 관찰, 참여, 개입의 소통과 예술 ·············· 160

부록 ··· 165

참고문헌 ··· 167

찾아보기 ··· 170

도시 관찰과 예술 기록

1. 개항장 도시의 장소성

1) 장소성과 집단기억

대부분 도시는 역사의 흐름 안에서 쌓여 온 부정적이거나 긍정적인 기억을 담고 있다. 도시의 옛 틀을 유지하거나 때로는 완전히 새롭게 정비하고 그 위에 새로운 장소들이 만들어지면서 도시는 변화한다. 바다에 면한 한 도시가 연안 도서와 육지를 잇는 번화한 도시에서 정책의 변화에 따라 기능을 상실하고 외진 농어촌으로 변하기도 하고, 평범한 농어촌이 한 국가의 급격한 변화의 중심에 자리한 역사적 도시로 변하기도 한다. 도시의 변화 과정에 따라 도시만의 역사와 기억은 축적된다.

개항장 도시의 장소성 형성과 관련하여 기억의 문제는 매우 중요한 부분이다. 기억과 관련된 역사 경관을 관광이나 도시 개발의 목적으로 이용하는 많은 사례를 쉽게 확인할 수 있다. 그리고 부정적 기억에 관련된 지점에서 역사적 장소의 보존과 개발 사이의 이분법적 도식 이상의 해결 방안이 필요한 복잡한 갈등 양상이 생기기도

한다. 역사에 대한 다양한 방식의 서술은 필연적으로 특정 기억을
배제하거나 강조하는 선택을 요구받는다. 과거의 역사적 사실들은
기억의 어떤 지점에 위치하고 어느 방향에 초점을 맞추냐에 따라
결과적으로 다른 분석을 낳기도 한다. 즉, 역사에 대해서는 여러 입
장의 실재가 존재하는데, 이는 집단기억과 개인 기억의 지속적인
상호작용에 따라 역사가 형성되기 때문이라고 볼 수 있다. 도시에
대한 수많은 기억이 서로 경쟁하며 다른 기억을 밀어내 소멸시키기
도 한다. 또한 서로 교차하고 교류하며 결합하고 걸러내며 형성된
결과물로 도시의 장소성을 형성하기도 한다.

　인천의 집단기억과 장소성에 대한 한 연구에서는 인천의 공간에
서 제국주의 혹은 국가에 대한 기념일 제정과 기념사업을 통해 형
성된 집단기억은 역사적 정치적 환경 변화에 따라 양상을 달리하
며, 오늘날 인천의 장소성 형성에 중요한 요소로 작용해왔다고 본
다. 러일 전쟁 개시 초에 인천 앞바다에서 전개된 인천 해전의 기념
과 개항 기념이 인천의 집단기억의 핵심코드였다고 볼 수 있다. 새
로운 집단기억의 제도적 장치로서 1957년에 세워진 맥아더 동상과
인천상륙작전 30주년 기념으로 1980년에 세워진 인천지구전적비,
그리고 1984년에 준공된 인천상륙작전기념관과 자유수호의 탑이
세워졌다. 이와 같은 집단기억은 정치적 상황에 따라 지속적으로
변화해 왔지만, 인천의 근대화와 산업화를 상징하는 개항에 대한
집단기억은 그대로 유지되어 왔다고 보았다.[1] 개항기에는 영국과

---

1) 오미일·배윤기, 「한국 개항장 도시의 기념 사업과 기억의 정치, 인천의 집단기억과
　장소성을 중심으로」, 『사회와 역사』 제83집, 2009.

독일 무역상의 존 스톤 별장과 세창양행이 위치해 있었고, 일제 시기에는 인천 해전 승리의 흔적이 남고, 해방 후 맥아더 동상이 건립된 자유공원을 중심으로 한 개항장 일대는 인천에 대한 기억과 인천의 장소성의 중심으로 볼 수 있다. 이와 같은 연구는 인천에 대한 집단기억이 정치적 목적에 따라 도시의 획일적인 장소성을 구축해왔다는 것을 토대로 한다.

오늘날 도시 공간으로서 인천에 대한 일반적인 장소성은 개항, 인천상륙작전, 천주교와 기독교의 전래를 비롯한 우리나라 최초의 것들, 그리고 차이나타운에 대한 이미지 등과 연결된다. 인천상륙작전이나 개항을 상징할 수 있는 기념물들이나 장소들에 대한 정보, 최초의 천주교와 기독교의 상징으로서의 성당과 교회 등의 장소, 그리고 과거 중국이나 일본 등 여러 나라의 조계지였던 흔적을 보여주는 상징적인 장소는 인천을 방문하는 여행객이 많이 찾는 관광지로서 역할을 한다. 그들은 단순히 때로는 인위적으로 설정되고 정리되어 있는 역사의 흔적을 경험하며 한 도시, 더 나아가서는 한 나라의 역사 일부를 짧은 시간에 의심의 여지 없이 받아들인다.

과연 이러한 장소성을 통해 얻어지는 일종의 집단기억은 도시의 진정한 정체성을 반영할 수 있을까. 지역 주민과 여행객을 포함한 인천의 크고 작은 역사를 경험하고자 하는 이들이 흔히 접할 수 있는 것 중의 하나가 지역에 위치한 박물관이다. 국내외 지역 박물관의 경우, 주로 지역의 집단기억에 기반한 지역 정체성을 드러내기 위한 방식의 전시를 제공한다. 하지만 정치적 환경 변화와 상관없이 오랜 역사 안에서 지역 주민들의 삶의 세세한 것들을 여러 방식으로 다룸으로써 집단기억보다는 개인 기억에 집중하기도 한다. 이민자들의 기억이나 농어촌 마을로서의 인천에 대한 기억, 또는 달동네의 기억 등 인천의 여러 박물관에서 도시의 집단기억과 더불어 개인 기억의 흔적을 확인할 수 있다. 하지만 공공 기록물을 관리하는 것을 주목적으로 하는 공공기관으로서의 박물관은 역사의 산물로서의 기록물을 분류 및 정리하고 이를 평가하고 폐기하며 보존하여 공개하고 활용하는 것을 주 역할의 하나로 담당한다. 이러한 공공기관으로서 박물관의 기록은 역사를 전달하는 객관성을 전제로 한다. 설사 그 기록이 시대의 흐름에 따라 다른 실체와 해석을 취한다고 하더라도 결국 객관성을 보장받을 수 있는 공공기관이라는 장소적 배경을 얻는다. 객관적 기록은 많은 경우 크고 작은 주관적 기록의 배제를 전제로 한다.

집단기억에 기반한 지역의 정체성은 크고 작은 주관적인 개인의 기억을 배제하며 그 결과로 획일적인 장소성을 낳는다. 그리고 더불어 도시에 대한 다양한 이해의 가능성을 축소하는 결과를 초래한다. 집단기억은 한 도시의 정체성을 구축하기 위해 전제될 수밖에 없는 요소인 것은 사실이다. 하지만 보다 유연한 도시의 장소성을 얻기 위해 집단기억을 보완할 수 있는 개인기억이라는 장치의 역할에 주목해야 한다.

2) 도시 이미지와 장소성

인천의 이미지에 대해 논한 한 연구에 따르면, 전통적인 항구도시와 공업도시로서 인천의 이미지는 정착하기보다는 일시적으로 머물렀다가 떠나는 통과지역으로서의 의미가 강한 도시의 모호한 정체성으로 설명될 수 있다고 보았다. 한때는 바다를 품은 풍경과 오랜 역사를 함께 경험할 수 있고 외국문물의 통로 역할을 하며 이국적인 정서를 맛볼 수 있는 도시의 이미지를 가지고 있었다고 보았다. 지금부터 20여 년 전의 이 연구에 따르면, 분단과 냉전이 지속되고, 서울 중심의 성장주의, 위성도시로서의 왜곡된 도시 발전이 인천의 개성과 역사 문화적 발전의 가능성을 뿌리 뽑는 요인이라고 보고, 그 결과 시민들은 문화적인 욕구를 충족할 수 없고 결국 인천을 머무르는 정주지로 여기지 않게 되었다고 보고 있다. 이와 같은 인천의 이미지 형성에 영향을 미치는 요인으로서, 경제, 환경, 교육, 문화적 측면으로 나눠 그 원인에 대해 논한다.[2] 인천학연구의 창간호를 통해 발표되었던 해당 논문은 그동안 추측과 예측만이 존재하던 인천의 이미지에 대한 실증적인 데이터를 제공했다는데 의의를 찾을 수 있다. 통계상 결과를 토대로, 인천 시민들이 지니고 있는 인천에 대한 부정적 이미지를 개선하기 위한 대안을 제시한다. 인천 시민의 생활여건과 밀접하게 관련되는 인천의 환경문제의 시급한 개선을 강조하였고, 교육 문제의 개선도 함께 강조하며, 당시 경제 특구에 관련한 법안이 통과하며 송도신도시의 발전에 따라 인천의 여러 여건이 많이 개선될 수 있으리라 전망하고 있다.

해당 연구 이후 20여 년이 지난 지금, 인천은 국내외 많은 도시들과 마찬가지로 도시의 브랜드화를 위한 마케팅에 집중하며 어느 때보다 도시 이미지를 위해 많은 공을 들이고 있다. 브랜드화된 도시

---

2) 전영우, 「인천시민이 가지고 있는 인천의 이미지에 대한 연구」, 『인천학연구』 1, 2002.12, 49-68쪽.

의 긍정적 이미지는 시민들에게 사는 곳에 대한 자긍심과 더불어 애착심을 심어주는 역할을 한다. 도시 이미지 마케팅의 측면에서 첨단의 신도시는 생활의 편리함을 시작으로 특유의 세련된 멋과 도시적 낭만 등을 누릴 수 있는 인천의 대표 장소로 강조되곤 한다. 그리고, 오랜 역사의 흔적을 담고 있는 구도심을 같이 다루며 신도시와 상반된 도시의 매력을 강조하곤 한다. 하지만, 모든 것이 새롭게 계획되고 만들어지는 신도시와 마찬가지로 구도심 역시 역사의 흔적에 맞춰 계획되고 인위적으로 만들어지는 문제가 발생하기도 한다.

한편, 인천 시민이 아닌 외부 방문객을 대상으로 도시의 경관이 인천의 도시 이미지에 미치는 영향을 살펴본 한 연구에서는 2014년 당시 인천아시안게임을 앞두고 외부 방문객들이 인천을 어떻게 바라보는지 분석한다. 해당 연구는 신도시와 공업기능이 혼재된 인천의 경관을 어떻게 인식하고, 경관 특성에 따른 인식이 전체 인천의 도시 이미지에 어떤 영향을 미치는지에 대해 객관적으로 측정하고 분석하고자 했다.3) 인천 시가지내 8개 지역에 분포된 경기장을 방문한 인천시민과 외부 방문객을 중심으로 한 설문조사와 문헌 조사를 기반으로 진행된 연구의 결론은 지역별 조사의 객관적인 통계 수치에 따라 공업지역의 경관 개선이 인천의 도시이미지 개선을 위해 가장 시급하다고 논하고 있다. 동시에 도시 이미지에 대한 역동성과 청결성의 기준에 따라 신도시가 가장 매력적인 경관을 만든다는 결론에 도달하게 된다. 하지만 해당 연구는 경관을 묘사한 좋다

---

3) 도난영·황희정, 「인천시 경관 특성별 인식 차이 및 도시 이미지 평가에 미치는 영향 – 외부 방문객을 중심으로」, 『도시행정학보』 제27집 제2호, 2014. 6, 147–165쪽.

와 나쁘다의 단순한 이분법적 형용사를 불과 15개로 한정하고 이를 기반으로 도시에 대한 이미지를 표현하도록 한 방법론적인 문제를 비롯해 도시 이미지에 대한 설문 참여자의 변수적 요소를 고려하지 않은 점 등에서 비롯되는 문제점을 갖고 있다. 또한, 해당 연구를 따라 인천을 이해한다면 송도를 비롯한 신도시의 환경적 요인이 도시 이미지를 좋게 만든다는 단순하면서도 편협한 결론에 도달할 수도 있다.

 인천의 시민과 외부 방문객을 대상으로 한 도시에 관한 이미지 연구들은 객관화된 수치에 기반하여 이미지를 논하고자 했다는 데 의의가 있다고 보인다. 모든 도시는 도시마다 고유의 자연이 있고 역사가 있으며 복합적인 요건에 따라 형성된 개별의 문화가 있다. 세계 각국의 특히 오랜 문화가 밀집해 있는 도시는 간단하게는 도시 내 여러 장소에서 볼 수 있는 간판에서부터 도시만의 이미지를 확인할 수 있다. 각 도시만의 일종의 경관에 따라 그 도시다움을 느끼게 된다. 그렇기에 도시가 발전함에 따라 도시 계획 안에는 여러 지역을 세분화하며 전반적인 용도에 따른 경관에 대한 계획이 당연히 포함될 수밖에 없다. 그리고 공공재로서 경관을 관리하기 위해서는 객관적인 기준이 필요한 것은 사실이다. 하지만 객관적인 기준에 따라 특정 지역의 이미지를 포함한 장소성을 분석하는 것에는 많은 무리가 따른다. 객관화된 수치에 기반한 도시의 이미지 분석은 도시에 대한 집단기억만큼 도시 이미지에 대한 이해의 폭을 제한적으로 한정 짓는다는 문제가 있다. 도시가 지닐 수 있는 이미지의 다양화와 확장은 도시의 장소성을 유연하고 풍요롭게 하는 데 중요한 역할을 할 수 있다.

3) 도시 경험과 개인 기억

역사적 사실에 대한 여러 정치적 장치에 따라 형성되어 온 집단 기억이나 객관화된 수치에 따라 통계적으로 도시를 이해하려는 장치 외에 인천의 기억 지형에 중요한 역할을 할 수 있는 영역으로 개인의 기억에 주목해야 한다. 역사적 유물이나 사건에 관한 서술과 이해에 그치지 않는 개인의 경험에 대한 기록을 기반으로 한 기억은 또 다른 기억의 장을 형성한다. 개인의 경험 과정은 장소에 대한 세세한 흔적의 흡수 및 장소에 속한 사람들의 삶을 얘기하는 대화도 포함한다. 또한, 삶의 중심에 있어 온 중요한 물건도 예술의 영역에서 하나의 오브제로 각각의 의미를 지닌다. 개인의 경험을 기록한다는 것은 일관된 기억을 형성하지도 않으며, 실증적인 데이터를 제공하지도 않는다. 즉 개인의 경험은 그 자체로 개인적이며 개인의 범위만큼이나 그 경험의 수도 폭넓다. 개인이 도시를 경험하는 다양한 방식 자체도 역시 하나의 역할을 할 수 있는 장소성 형성을 위한 자료가 된다. 이러한 흔적들은 공공의 역사로서 그 가치를 인정받지 못할 수도 있다. 공공의 영역에서 가치를 인정받지 못하는 개인의 경험에 기반한 기억들은 그 자체로서 불필요한 사소한 것들로 치부될 수도 있다. 하지만 오히려 개인의 경험과 기억은 결국 도시의 장소성이 지닐 수 있는 정체성의 확장을 위한 새로운 가능성을 제시할 핵심 요소가 될 수 있다.

오늘날 많은 변화 중 하나는 정보의 확산일 것이다. 인터넷과 각종 소셜 미디어가 발달함에 따라 정보를 얻는 방법도, 얻는 정보의 양도 과거와 비교할 수 없을 만큼 방대하다. 기존의 정보에서 매일 새롭게 만들어지는 새로운 정보들을 우리는 어디부터 봐야 할지, 또는 어떠한 정보를 흡수해야 할지 고민을 하는 것이 일종의 일상이 된 지 오래다. 우리는 무언가에 대한 정보를 스스로 만들어 내는 것보다 외부에서 받아들여 그 정보와 일종의 소통을 통해 나만의 정보 즉, 경험과 기억을 만들어 낸다. 하지만 때로는 소통의 과정이 부재하고 외부에서 받아들인 정보가 정보 전부가 되기도 한다. 예를 들어 한 도시에서 일어난 특정 사건에 대해 개인은 천차만별의 기억을 처음에는 갖고 있을 것이다. 하지만 이 기억들은 점차 시간의 흐름과 여러 장치에 따라 통합되어 하나의 집단기억으로 남게 된다. 이러한 과정을 거쳐 올바른 기억이 자리를 잡을 수 있지만, 잘못된 기억이 집단기억으로 남기도 한다. 도시 만큼이나 이해하기 위해 많은 경험과 소통이 필요한 존재는 없을 것이다. 그렇기에 개인의 직접적인 경험과 소통이 도시를 이해하는 중요한 역할을 할 수 있다.

아도도시연구의 참여 예술가는 인천의 구도심을 예술가의 시선으로 경험하고 각자의 방식으로 소통한다. 그 과정에서 형성된 개인의 기억은 예술의 모티브가 되어 창작으로 이어진다. 괭이부리마을이라고 더 많이 알려져 있는 인천 동구의 만석동에 세워진 작은 미술관의 조성 과정과 결과의 일부를 통해 경험과 기록을 통한 개인의 기억이 장소의 정체성을 찾아가는데 얼마나 중요한지 알 수 있다. 부유한 또는 가난한, 깨끗한 또는 지저분한 등의 형용사로 한 도시 또는 한 장소를 우리는 단정지어 기억하곤 한다. 하지만 섣부른 일종의 집단기억에 의지해 도시에 대해 판단을 내리는 것은 자칫 잘못된 이해를 낳는다. 집단기억이 아닌 개인의 개별 기억을 중심으로 도시의 장소성을 찾아가는 과정의 필요성에 대한 인식은 본 연구의 주요한 지점이 된다.

도시의 변화 안에서 역사적으로 각종 사건을 간직한 도시는 기억의 선별을 위한 갈등을 겪기도 한다. 그 배경에는 도시에 대한 기존 기억이 많은 경우 옳고 그름에 대한 갈등의 원이 되기 때문이다. 2013년부터 2019년까지 진행해 온 도시연구 프로젝트인 아도도시연구는 이러한 과거에 축적된 기억에 의존하지 않으며 기억을 선별하기 위한 갈등에서 벗겨나 있다. 이 도시연구는 과거 어느 때의 것이 아닌, 지금, 이 순간의 도시 모습을 직접 경험하는 과정을 통해 획득한 도시에 대한 기억을 예술로 구체화하기 위해 기획되어왔다. 이와 같은 예술가 개인들의 도시 경험과 개인 기록이 인천의 장소성의 해석과 가치 획득의 가능성을 확장할 방법으로 보았다.

아도도시연구는 7년간 총 30여 명의 예술가와 함께 인천을 경험했다. (표1 참고) 참여 예술가들이 인천을 경험하는 동안 인천에 연고를 두고 있는 예술가든 다른 지역에 연고를 둔 예술가든 인천에 대한 기존의 이미지와 경험이 있었다. 인천에 대한 그들의 기억 중 가장 많은 영역을 차지하는 것은 단연 개항과 관련된 것들이었다. 집단기억이 구체화 되는 과정에는 여러 장치가 동원되며, 일정한 범위의 결론에 따라 기억은 견고히 남는다. 반면 아도도시연구와 같은 예술가 개인의 경험에 기반한 도시 기억과 장소성의 구체화는 결과물에 대한 열린 장을 설정할 수밖에 없다. 그것이 지역에 대한 획일적인 인식의 한계에서 벗어나고자 한 애초의 기획 의도와도 일맥상통한다. 또한, 예술가의 개인 경험과 기록을 통해 얻어낼 수 있는 도시의 장소성을 독해할 수 있는 무한의 가능성을 기대하기 때문이기도 하다.

2. 관찰자와 경험자의 인천

1) 도시의 관찰과 경험

'관찰'은 어떤 대상이나 물체에 대해 자세히 보거나 알아보는 것으로 정의될 수 있다. 또한, 보거나 듣거나 느끼면서 겪는 것 또는 거기서 얻는 지식이나 기능으로 정의되거나 철학적인 측면에서 객관적 대상에 대한 감각이나 지각 작용으로 깨닫게 되는 내용으로 정의되는 '경험'은 결국 정의상으로 관찰을 통해 이뤄질 수 있는 것으로 이해될 수 있다. 철학자이자 교육학자인 존 듀이(John Dewey)는 현재의 삶에서 미래의 삶으로 성장하기 위해 가장 중요한 것으로 경험을 강조했다. 그가 강조하는 경험은 내가 직접 시도하는 능동적 경험과 나의 의지와 상관없이 얻거나 당하는 수동적 경험이 더해지며 구체화 된다고 보았다. 새롭게 무언가를 알아내기 위한 시도는 동시에 이미 나의 의지와 상관없이 알고 있는 것들을 포함한다는 것이다. 우리가 도시를 관찰하며 경험을 축적할 때, 그 과정에서도 이미 알고 있는 도시에 대한 기억과 이미지가 전제되며 그 위에 나만의 능동적인 경험이 더해지며 나의 것이 될 수 있다고 이해할 수 있다.

본 연구자는 서울에서 태어나 대부분의 삶을 서울에서 보냈다. 인천과의 인연은 2010년 인천아트플랫폼에 1기 미술평론가이자 기획자로 입주하면서 시작되었다. 그 후 지금까지 인천에 거주하며 인천에 대해 관찰하고 경험하며 살아가고 있다. 몇십 년을 살았던 곳과 자동차로 불과 한두 시간 거리의 가까운 곳이었지만, 이 도시에 대한 첫 기억은 한마디로 이국적이고 낯섦이었다. 인천 중구가 인천과 만난 첫 장소가 되었다. 해 질 녘이 되면 길거리에는 지나가는 고양이 외에 인기척을 느낄 수 없어서 때로는 무섭기까지 했다. 낮에는 각종 근대건축물이 즐비하게 세워져 있는 거리를 걷다 보면 마치 영화 세트장에 와 있는 느낌을 받곤 했다. 몇십 년 전에나 있을 법한 허름한 구멍가게의 할머니와는 어느새 친해져 김치를 얻어먹기도 하고 주전부리를 사러 갈 때마다 한참 동안 수다를 떨기도 하며 이 장소에 관한 이야기를 듣곤 했다. 이십여 명의 입주 예술가들과 1년에 가까운 시간을 함께 보냈다. 그중에는 인천 토박이로서 인천에 대해 모르는 것이 없을 정도로 많은 정보를 가진 이도 있었다. 입주 동안 인천에 대해 알려주는 여러 프로그램에 참여도 하며 개별적으로 문헌 자료를 수집하면서 지역을 현장과 자료로 경험했다. 평생을 살아온 익숙한 장소에 대해서는 이렇게까지 관심을 가져 본 적은 없었다. 새로운 도시를 알기 위해 여러 방면으로 경험을 하고 관찰을 하는 이 과정은 기획자의 입장에서 중요한 전환점이 되었다.

인천아트플랫폼 입주 과정 중에 특별전의 기획을 맡아 예술감독으로 6개월간 입주 예술가들과의 소통을 집중적으로 이어갔다. 입주 예술가들과의 대화의 많은 부분은 당시 머물며 대부분의 시간을 보내고 있는 인천에 대한 것들이었다. 지역에 대한 같은 가이드 프로그램에 참여했고 같은 시간대에 같은 장소에 대해 경험을 했지만, 장소에 대한 기억은 서로 많이 상이함을 알 수 있었다. 특정한 시간과 공간에 의해 형성되는 상황의 파편화된 인덱스로서, 여럿이 완벽하게 일치하는 기억을 공유하는 것은 거의 불가능했다. 아무리 깊고 충분한 교감이 보장되는 관계라 하더라도 결국 각자가 특정한

사진 01. 아도크리에이션의 거점 공간 스페이스아도(spaceADO)

상황에서 느끼는 시간과 공간은 극히 주관적이기에 기억 역시 주관
적일 수밖에 없기 때문이다. 특정한 시간과 공간은 다각도에서 접
근하는 일종의 기억에 대한 애착을 통해 비로소 공감대를 형성하며
그 정체성을 찾아갈 수 있다는 일종의 결론에 도달하게 되었다. 즉,
도시의 장소성 또는 도시의 정체성은 무엇보다도 장소에 대해 여러
모로 접근하는 획일화되지 않은 관찰과 경험이 공감대를 형성하며
연합될 때 비로소 만들어질 수 있다는 것이다.

    입주가 끝난 뒤 일정 준비 기간을 거쳐 인천을 처음 경험한 지역
인 중구에 거점 공간인 스페이스아도(spaceADO)를 열었다.[사진 01.
02] 익숙한 장소에 대한 관찰은 쉽게 본격화되기 어렵다. 이미 삶에
서 당연해진 장소에 대한 의도적인 관찰은 특정한 계기가 없으면

사진 02. 스페이스아도 개관전 입구 전경

쉽지 않기 때문이다. 스페이스아도는 신포동과 차이나타운 사이에 위치하며 주변에는 온갖 근대건축물을 포함한 우리나라 최초의 것들이 가득한, 이미 도시에 대한 집단기억에 따라 익숙한 이 도시를 의도적으로 관찰하고 경험할 수 있는 기획을 시작하기에 최적의 장소였다. 일종의 박물관이 타인의 기억을 기록하며 일반화하는 것과는 달리, 예술가 개인들의 도시에 대한 직접적인 경험을 토대로 기억을 기록하며 개별화하는 과정을 통해 도시의 장소성의 새롭게 다뤄질 수 있는 가능성을 축적하기 시작했다.

사진 03. 단행본, 『시카고와 인천, 도시만나기 : 시각예술로서의 도시 읽기』(아도크리에이션, 2015) 표지 이미지

2) 도시의 장소성을 찾기 위한 예술의 역할

아도도시연구는 2014년 6월 기획자 정상희, 이홍규와 참여 예술가인 구본아, 김순임, 김하림, 노정하, 오숙진, 이호진이 함께 한 첫 모임으로 시작되었다. 아도도시연구를 위한 기획자와 예술가가 함께 한 첫 공식 모임이 열리기 2년 전부터 이미 도시연구를 위한 사전 준비 작업이 진행되었다. 인천과 시카고 두 도시를 시각예술로 바라

보는 방법을 실천하기 위한 장시간의 걷기 과정을 거치며 얻은 도시에 대한 경험을 기반으로 비교하는 작업이 2년에 걸쳐 선행되었다. 이 과정은 기획자들 중심의 현장 연구로 진행됐다. 많은 도시 중 인천을 시카고와 비교 연구했던 이유는 2015년도에 발간한 저서『시카고와 인천, 도시만나기-시각예술로서의 도시읽기 I』4)에서도 밝혔듯이, 연구자의 도시에 대한 경험의 정도에 있다.[사진 03] 연구자의 두 도시에 대한 체류 기간에 따른 익숙함의 정도, 즉 도시의 관찰과 경험의 정도가 두 도시를 비교 대상으로 선정한 주요 이유라고 할 수 있다. 두 도시는 연구자가 태어나 어린 시절부터 성장해온 도시가 아니지만 일정한 기간 체류했기 때문에 이미 익숙해진 도시이며 스스로 잘 알고 있다고 느끼는 도시였다는 공통점이 있다.

두 도시 비교연구는 온전히 걷기를 기반으로 한 능동적 관찰과 경험에서 시작되었다. 인문학적으로 두 도시에 관한 연구가 이미 어느 정도 되어 있었던 상태였으며, 지도를 통해 지리적으로 지역을 파악한 뒤에 거리로 나섰다. 여러 날에 걸친 집중적 이동 과정을 여러 스마트 기기를 동원해 데이터로 기록하고 기억하며 그 기억들을 다시 글로 기록하였다. 도시를 걸으며 아카이빙한 도시에 대한 사진 기록은 모두 해당 장소의 GPS와 정확한 시간이 같이 저장된다. 그래서 보행 관찰이 끝나고 난 뒤, 그 과정을 다시 되짚어 보며 구체적으로 재구성할 수 있는 방식이다. 그 과정에서 얻는 다양한 경험은 도로, 도로를 지나가는 사람들과의 만남, 그 주변에 자리하

---

4) 정상희 글·이홍규 사진,『시카고와 인천, 도시 만나기 - 시각예술로서의 도시 읽기』, 아도크리에이션, 2015.

고 있는 건축물들을 비롯한 도시를 채우는 것들, 특정 장소를 지나가면서 느껴지는 순간적 감정, 냄새 등과 같이 도시를 이루는 세세한 물질적 또는 비물질적인 것들이다. 이렇게 만들어진 데이터의 일부는 아도도시연구의 진행 과정 중 기획자의 작품으로 재구성됐다. 또 나머지 중 일부는 2017년부터 시작하고 현재 진행 중인 아시아 항구도시에 대한 현장 연구 데이터들과 함께 이후 기획에 활용할 사전 연구 자료로 아카이빙되어 있다. 모든 경험과 기억은 세세한 단어와 문장으로 구성된 텍스트, 녹음이나 사진을 비롯한 여러 방식과 종류의 수집으로 최대한 정리됐다.

우리가 사는 도시와 지역사회의 일상적, 문화적, 역사적 의미들은 이를 바라보는 견해의 차이에 따라 다르게 받아들여진다. 본 연구자가 하나의 전시를 포함한 프로젝트의 결과를 얻기까지 가장 중요하게 다루는 것은 기획자의 사전 연구 작업이다. 도시연구에 집중하는 기획자의 사전 연구 작업은 단순한 현장 투어와 함께 일상의 이해를 시작으로 도시계획, 건축 등을 포함한 실질적인 연구와 더불어 여러 예술가와 예술작품을 포함한 미학적 연구에 이르는 방대한 범위 안에서 이뤄진다. 이 과정은 주로 텍스트와 이미지로, 때로는 사운드로 기록된다. 이 기록은 여러 전문가 또는 비전문가들과의 크로스 논의를 통해 물질적 또는 비물질적으로 축적된다. 기획자의 연구 작업은 프로젝트의 기반을 마련하지만, 그 프로젝트를 본격적으로 만들어가는 과정과 결과는 전적으로 참여 예술가와 함께한다. 그리고 프로젝트가 진행되는 과정 중이나 마무리가 되고 난 뒤, 해당 프로젝트가 미술사적 또는 예술사적 흐름 안에서 이론적으로 어떠한 위치를 점할 수 있을지 근거를 다지는 것 역시 기획자의 역할 중 하나이다. 모든 프로젝트는 기획자의 사전 연구를 전제로 하지만, 이는 예술가에게 기획자의 논리와 경험에 기반한 정해진 틀을 제공하고 제한한다는 의미는 아니다. 예술가들이 자신의 방식에 맞춰 작업을 이어갈 수 있도록, 그리고 그 안에서 더 많은 가능성을 찾을 수 있도록 장을 마련하고 방향성을 잡아 주는 것이 기획자의 몫인 것이다.

걷기의 모빌리티를 기반으로 한 인천과 시카고, 두 도시의 비교 연구에 이어 다양한 장르의 예술을 성취해 온 예술가들과 함께 같은 방법으로 인천을 연구하기 시작했다. 예술가의 시선은 능동적인 관찰이 전제가 되며, 도시에 대한 경험 과정과 결과를 통해 도시를 바라볼 수 있는 또 다른 면들을 확인할 수 있는 다양한 가능성을 축적했다. 이 과정에서 도시의 장소를 경험하는 예술가의 방법과 반응은 일반인들의 경험과는 다르다는 것을 알 수 있었다. 하지만 예술가와 일반인의 시선이 단순히 다르다는 의미는 아니다. 그 차이의 기준은 단순히 예술가와 예술가가 아닌 사람으로 구분하는 것이라기 보다는, 도시를 오가지만 관찰하고 경험하고자 하는 특정한 목적의 정도에 있다고 볼 수 있다.

벤야민의 일상 경험과 모빌리티 이론 그리고 장소 특정성 이론을 토대로, 2013년부터 인천 구도심을 중심으로 경험하고 기록하며 그 결과들을 작품화해 온 예술가들의 작업 과정 및 결과를 구체적으로 되돌아보고자 한다. 이 과정에서 무엇보다도 중요하게 다뤄진 관찰, 참여, 개입의 방법을 통해 지역 또는 지역민과 소통하며 예술이 이들을 어떻게 이해할 수 있으며 어떻게 예술로 재탄생시킬 수 있는지에 대해 살펴볼 것이다. 인천의 로컬리티가 장소 특정성과 걷

기의 모빌리티를 기반으로 한 예술가들의 경험 과정과 결과로서 예
술로 다뤄진다. 예술이 지역을 이해하는데 일반적이며 때로는 편협
한 시선에서 벗어나 확장된 해석의 가능성을 보여주며 도시를 이해
할 수 있는 또 하나의 중요한 통로가 됨을 살펴볼 것이다.

도시, 예술 그리고 모빌리티

1. 예술의 모티브

1) 창작의 동기

어떤 일을 하든 시작 지점에는 동기가 있기 마련이다. 우리는 의식적이든 무의식적이든 동기에 따라 크고 작은 일을 고민하고 시작하고 추진한다. 그리고 그 동기의 방향에 따라 과정과 결과를 만들어 내곤 한다. 예술이 예술가의 주관적 기준과 욕구에 따라 창조된다고 할지라도 사회 관계망 안에서의 삶과 무관할 수 없다. 예술가는 다양한 층의 배경 안에서 창작의 동기가 되는 무언가를 통해 창작을 시작하고 이어간다. 삶을 살아가며 여러 감각을 통해 인지하는 것들과 그것들로 인해 인식 안에서 확장되거나 변형되는 많은 요소는 예술 창작을 위한 동기의 시작이 된다. 순간의 기억과 경험, 그리고 스쳐 지나가는 시야와 생각까지도 창작의 실마리가 될 수 있다. 파편화된 순간, 경험, 생각이 창작으로 이어지면서 하나의 얽힌 조직이 되고 마침내 하나의 덩어리가 된다.

모티브는 '움직이게 하다'라는 뜻의 라틴어인 'motivum'에서 유래한 용어이다. 이는 예술을 창작하는 동기이자 원동력을 의미한다. 한때는 신화와 종교가 가장 기본적인 예술의 모티브이자 목적이었으며, 인간의 몸과 자연이 예술의 모티브로 역시 오랜 역사 안에서 다뤄져 왔다. 실상 신화, 종교, 인체 등은 오랜 과거의 아카데믹 예술의 영역 뿐 아니라 오늘날 예술에서도 여전히 다뤄지는 모티브들 중 일부이다. 단 과거에서 동시대로 올수록 예술의 모티브의 범위가 넓어지고 세분화되면서 이른바 예술의 옛 주(主) 모티브들은 그 자리를 다른 영역에 내어 주었을 뿐이다. 예술의 역사와 함께 어느덧 눈에 보이지 않는 신화나 종교와 같은 비물질적인 것이 아닌, 직접 눈으로 확인할 수 있는 변화무쌍한 것들이 중심에 자리를 잡았다.

주변에서 쉽게 볼 수 있는 사과 한 알은 그림의 단순한 정물의 하나가 되기고 하고, 더 나아가 형태와 색채의 본질을 탐구하기 위한 예술의 모티브가 되었다. 또한 일상에서 오가던 길가의 꽃밭도 그림을 위한 풍경의 일부가 되기도 하고, 형태와 색채의 가장 이상적인 조합을 연구할 수 있는 예술의 주요 모티브가 되기도 했다. 직접 눈으로 볼 수 있는 것들로 예술의 시선을 돌렸고, 그것을 단순히 화폭에 담는 것으로 시작하여, 눈에 보이는 것 너머에 또는 그렇게 보이도록 만든 무언가를 또는 보이지 않게 한 그 무언가를 찾기 위한 예술의 여정이 전개됐다. 수많은 예술가의 창작을 위한 모티브는 그 범위를 한정할 수 없을 만큼 폭넓고 깊다. 예술의 창조 과정에서 모티브가 차지하는 의미는 결과를 이끌어 내는 데 중요한 역할을 한다.

2) 몸과 장소

예술의 주요 모티브로서 인간의 몸은 만물의 근원으로 다뤄지기도 했고, 또한 관찰의 대상이 되기도 했다. 인간의 몸을 통해 가장 아름다운 황금비례를 만들어 내어 미의 기준을 삼기도 했으며, 때로는 인간의 몸이 실체로서 몸이 아닌 형태와 색채를 연구하기 위한 여러 대상물의 하나로 다뤄지기도 했다. 또한, 미술에서 몸의 역할은 주체와 객체의 사이에서 그리고 수동과 능동 사이에서 자리를 오가며 또는 상반된 개념 안에서 이분법적으로는 구분할 수 없는 입장에서 정의되기도 한다. 예술가가 움직인 흔적이 담긴 이미지에서 예술가의 몸이 작품의 일부가 되기도 한다. 한때는 현상학적 배경하에 미술을 완성하기 위한 관객의 능동적이고 직접적인 개입이 더해지기도 했다. 거울로 만들어진 입방체 작품에 자신의 모습을 비춰며 스스로의 움직임을 감지하는 관객의 행위가 작품에서 중요하기도 했다. 예술가 또는 관객의 정해진 범위 내에서의 움직임 자체가 예술이 되기도 한 것이다. 점점 예술의 주체는 돌고 돌며 광범위해져 왔다.

예술가와 관람자의 역할에 대한 전통적인 개념은 예술의 주체로서의 예술가와 수동적인 관람자로 정리할 수 있다. 예술가와 관람자의 역할에 대한 변화의 정도와 방향은 미술사적 배경 안에서 예술의 변화를 예측할 수 있는 가장 민감한 요소로 받아들여져 왔다. 예술을 위한 예술이라는 예술 지상주의의 틀에서 벗어나며, 예술은 예술가가 예술을 다루는 태도와 동시에 관람자가 예술을 받아들이는 방식의 변화 안에서 그 영역을 확장시켜 나아갔다.

한편 인간과 더불어 시간, 공간, 장소, 도시가 예술의 모티브로 중요하게 한 자리를 차지하기도 한다. 예술의 모티브로서 시간은 무엇보다도 삶의 리듬으로서 모든 사람들이 다른 가치 안에서 각자의 삶을 영위하지만 통일된 순환 질서의 틀을 마련해주는 의미에서 시각적 상징으로 다뤄져 왔다. 손에 손을 잡고 원을 그리며 도는 여인들의 모습과 자신의 꼬리를 물고 계속해서 원을 그리며 도는 뱀의 상징과 같이 순환의 의미를 담은 시간의 이미지들은 20세기에 들어와서도 현대식으로 재해석된 이미지로 화폭에 담기기도 했다. 시간은 근현대미술 안에서 기계시대의 역동성을 표현하기 위해 연속적 시간의 이미지로 표현되기도 했으며, 직접적인 시간의 흐름을 포함하는 운동 역학적인 실제 움직임을 통해 다뤄지기도 했다. 또는 순환 질서로서 보이지 않는 시간의 개념과는 또 다른 단계의 질서로서 세월의 흐름 안에서 축적되어 온 한 공간 또는 장소가 지니는 역사의 측면에서 시간을 다룰 수 도 있을 것이다.

사전적 의미로 장소는 무엇이 있거나 무슨 일이 벌어지거나 하는 곳 또는 구체적이고 독특하여 다른 장소와 구분되는 지표면의 일정 구역 등의 내용으로 정의된다. 장소와 공간은 유사한 경험을 담아내는 개념이라고 볼 수 있다. 이푸 투안에 따르면, 공간과 장소는 생활 세계의 기본적인 구성요소로 우리는 삶 안에서 이 요소들을 당연한 것으로 여기지만, 곰곰이 생각해보면 우리가 기대하지 않은 의미를 찾아낼 수도 있고 묻고자 하지 않았던 질문을 제기하게 될 수도 있다.[1] 장소나 장소 안에 놓인 대상에 대한 경험이 생활 속에

---

1) 이푸 투안, 『공간과 장소』, 구동희·심승희 옮김, 도서출판 대윤, 2007, 15쪽.

서 총체적인 감각을 통해 이뤄질 때 현실을 경험할 수 있다고 본 그의 견해와 같이, 추상적 개념이 아닌 직접적인 경험의 과정과 결과를 통해 장소를 이해할 수 있다고 볼 수 있다. 예술의 측면에서 다룰 수 있는 장소와 공간의 개념은 사전적 의미를 넘어 이푸 투안이 언급한 그런 또 다른 의미와 질문을 찾고 제기할 수 있는 계기를 제공한다. 장소와 공간을 예술의 모티브로 삼는 이러한 계기는 단순히 물리적이고 지리적인 위치를 의미하는 정도를 넘어서 예술의 실천 과정과 결과를 포괄하는 광범위한 영역 안에서 장소와 공간의 또 다른 켜를 구축한다.

프랑스의 인류학자인 마르크 오제(Marc Augé)는 고유한 의미가 있는 공간을 칭하는 장소와 무의미한 공간을 의미하는 비장소의 개념을 통해 장소의 정의를 내린다. 장소와 비장소의 개념을 통해 현실의 공간과 동시에 그것들을 사용하고 있는 사람들이 공간과 맺는 관계를 그려본다. 그에 따르면, 장소는 다음과 같이 정의될 수 있다. 장소는 상당수 개인들이 거기서 자신을 인지하고 그것을 통해 스스로를 규정한다는 의미에서 '식별적'이며, 똑같은 개인들이 거기서 서로를 묶어주는 관계를 읽어낸다는 의미에서 '관계적'이며, 그 장소를 점유하고 있는 사람들이 거기서 예전의 어떤 정착지의 흔적들과 연관성의 기호를 재발견할 수 있다는 의미에서 '역사적'이라고 규정할 수 있다고 본다. 즉, 장소를 점유하고 있는 사람들 마다의 스스로에 대한 관계와 다른 점유자들과의 관계, 그들의 공통된 역사와의 관계를 상징하며 삼중으로 상징적인 특징을 갖는다고 보았다. 그리고 정체성도 관계도 역사도 상징하고 있지 않은 공간을 비장소라고 정의하고 있다.[2)

하지만 장소와 비장소의 구별은 모든 이들에게 공통적으로 적용되지는 않는다. 어떤 이에게는 장소가 될 수 있는 공간이 또 어떤 이에게는 비장소가 될 수 있다는 의미이다. 예를 들어, 신포동에서 매일 일을 하는 사람과 그곳을 일종의 관광자의 시선으로 흥미와 관심을 가지고 방문하는 사람에게 그 장소는 똑같은 정도로 받아들여지지는 않을 것이다. 즉, 인천 중구의 오랜 역사의 흔적들을 경험하는 예술가의 시선과 그곳에서 생업을 이어가며 살아가는 사람들의 시선은 각각 그 공간을 장소와 비장소로 받아들인다고 볼 수 있다.

아도시연구 프로젝트는 이와 같은 장소와 공간, 그리고 조금 더 세분화하거나 더욱 확대하는 뜻에서 인천을 중심으로 한 도시를 모티브로 삼는 예술의 실천 과정과 결과가 예술의 입장과 도시의 입장에서 실질적으로 무엇을 만들어낼 수 있는지에 대한 의문을 중요하게 다룬다.

역사 속 많은 우여곡절을 겪으며 형성된 인간 공동체의 삶의 터전인 도시는 오늘날 수많은 도시 간의 경쟁 안에서 살아남기 위한 과거와는 또 다른 전략을 간구해야 할 처지에 있다. 도시의 이해와 발전을 창조적 접근으로 만들어내는 모티브에 대한 일반적인 이야기와, 모티브의 하나로서 예술가들에게 장소와 공간 그리고 도시는 어떤 의미를 또는 어떤 통로로 연결되는지 살펴보고자 한다. 예술가의 창조가 창조적인 사고 안에서 도시의 가치를 찾아가는 여정을

---

2) 마르크 오제, 「도시 그리고 도시적인 것의 식별」, 『불어문화권연구』 4권 0호, 1994.11, 114-116쪽.

어떻게 이끌어갈 수 있을까. 예술과 함께 도시가 자체적으로 드러내는 의의와 숨겨진 의의를 어떻게 발현할 수 있는가.

2. 창조성과 도시

1) 예술과 도시

도시란 무엇인가. 또한 예술을 매개로 도시를 연구한다는 것은 무엇인가. 사전적 의미로서 도시는 인간의 정치, 경제, 사회적인 활동 무대가 되는 장소이며, 인구 집중으로 인해 비교적 인구 밀도가 높은 지역을 의미한다. 즉 도시는 밀도 높은 정주지이자, 상대적으로 규모가 크며 문화적으로 이질적인 인구를 가진 한정된 공간이라고 정의될 수도 있다.[3]

오늘날 도시는 다양한 학문 영역에서 복합적으로 연계되어 학제적으로 다뤄진다. 도시사회학, 도시인문학, 도시정치학, 도시지리학 등 우리가 사는 세상을 바라보는 관점에 따라 도시는 다르게 또는 유사한 부분을 공유하며 다뤄진다. 이러한 학문의 배경 일부에는 도시에서 발생하는 문제들을 분석 및 해결하기 위한 연구 또는 이론상으로 머무르는데 한계를 극복하기 위해 보다 구체적인 실천 영역으로서 도시를 개입시켜 이론을 구체화하기 위한 노력이 있다.

피터 손더스(Peter Sunders)는 생태적 공동체, 문화형태, 사회공간 체계, 이데올로기, 집단적 소비단위 등으로 도시를 구분한다.[4] 그

---

3) 마크 고트디너·레슬리 버드, 『도시연구의 주요개념』, 남영호·채윤하 역, 라움, 2013, 19쪽.

는 사회이론과 자본주의 이론을 토대로 도시 문제를 다룬 맑스 베버, 에밀 뒤르켐 등의 연구 분석은 결국 동일한 결론에 도달한다고 보았다. 이들은 모두 도시가 서구 자본주의 발전에 역사적으로 특수한 기능을 수행했다는 사실에는 동의했지만, 자본주의가 태동한 이래로 도시는 이론상의 분석범주로 취급될 수 없게 되었다고 주장하였다. 그 이유는 도시의 개념이 새로운 생산양식의 표상이나 실체와는 더는 부합되지 않게 되었다거나, 인간적 교류와 사회적 특성의 기저에서 이미 제외되었거나, 더는 분업을 발생시키는 지리적 영역과 일치하지 않았기 때문이라고 보았다. 그들의 연구에서 도시는 독립적인 연구대상으로 인식되지 않았으며, 도시 문제 또한 현대 자본주의 발전과정의 이해에 도움이 될 때만 언급됐다고 판단했다. 이와 같은 도시연구에서 예견할 수 있는 문제점 해결을 위한 새로운 대안으로서 도시연구의 또 다른 영역들이 만들어졌다. 손더스에 따르면, 이러한 학문의 발달 하에 독특한 하위학문으로서의 도시사회학의 발전은 도시 연구의 방향에 많은 변화를 주게 되었다.[5]

도시사회학은 도시의 독립적인 중요성을 이론적으로 전제한다. 이에 따라 특정한 사회 현상은 도시의 독특하고 고유한 성질이라고 이해하며, 도시현상을 이해하기 위한 도시이론의 출현이 이뤄졌다. 손더스는 도시를 어떻게 개념화할 것인가라는 기본적인 문제를 필연적으로 해결해야만 하는데, 이는 도시사회학이 다루는 도시 문제와 그 연구 과정에서 조사해야 할 요인들의 범위를 결정하는데 필연적인 과정이기 때문이라고 보았다.

　이와 같은 도시사회학의 전개 상황을 살피며 도시이론을 기반으로 도시를 연구하는 과정 중 예술이 개입되는 경우를 이해할 수 있다. 도시의 특정한 이미지와 독특하고 고유한 성질을 이해하는 과정이 도시연구에 예술이 더해졌을 때 다룰 수 있는 도시를 구성하는 요인의 범위를 결정하는 필연적인 과정이기 때문이다. 여기에 더해 세부적으로는 결정된 범위 안에서 예술을 토대로 도시를 연구할 때 연구의 구체적인 방법은 역시 필연적인 또 하나의 사전 선정 과정이기도 하다. 그 이유는 연구 방법의 방향에 따라 도시와 예술의 연구 결과가 전혀 다른 방향으로 나아갈 수 있기 때문이다.

　이른바 '도시예술학'은 사회문제를 바라보는 도시사회학적 관점과 주제의 많은 부분을 공유한다. 도시 내부의 쇠퇴 문제, 도시의 빈부격차, 도시의 공동화 현상 등 도시가 지니는 문제들을 예술의 시각과 방법으로 경험하고 구체화하기도 한다. 오늘날 공공예술의 범주에서 많은 자리를 차지하며 다뤄지는 요소인 개입과 소통의 부분은 도시가 예술의 주요 콘텐츠가 되는 과정에서 중요하게 고찰되어야 할 부분이기도 하다.

　한편 도시연구와 인문학의 만남은 오늘날 실질적 역할의 하나로 도시에 역사적이며 내러티브적 해석을 더함으로써 도시의 브랜딩으로 경쟁력을 키우며 도시의 긍정적 이미지 구축에 크게 기여하고 있다. 도시인문학이 다양한 형태로 그 연구의 범위를 확장하고 있는 가운데 도시예술학은 역시 이와 여러 부분을 공유한다. 서우석은 인문학과 대학 교육의 위기 상황에서 도시인문학이 인문학의 현실 적합성과 유용성을 가시화하는 기회를 제공했으며 융합학문에

대한 긍정적 분위기 조성도 간접적으로 도시인문학의 발전을 고무
시키는 환경 요인으로 작용했다고 보았다. 도시인문학을 도시에 대
한 인문학, 도시 안에서 이뤄지는 인문학, 도시를 위한 인문학이
혼재되고 중첩되어 전개됐다고 상황을 진단하며, 그 특성을 융합학
문, 장소성 담론, 실천프로그램 등으로 구분하여 다룬다.6)

　도시인문학은 도시연구의 영역을 확장할 수 있는 새로운 인문학
적 주제를 개발하면서 기반을 구축해 왔다. 오늘날 도시연구에서
창조적 도시를 위한 중요한 화두가 문화도시와 관련된 상황을 볼
때, 새로운 예술적 도시연구 방법론에 대한 개발이 구축되어야 함
을 알 수 있다. 특히나 20세기 말부터 21세기에 이르기까지 현대
미술은 도시에 집중된 인구문제나 교육과 환경 문제 또는 도시의
다양한 범죄와 약자들에 관한 내용에 이르기까지 다양한 도시 문
제를 여러 방식으로 다뤄오고 있다. 미술의 테두리 안에서 벌어지
는 도시와 연관된 광범위한 움직임을 확인할 수 있다. 인간의 정주
지에 개입하여 정치적이면서도 행동주의적으로 접근하는 예도 있
고, 사람과의 소통이 전부인 방식으로 접근하는 예도 포함된다. 과
거의 상황주의자 인터내셔널의 예술과 도시를 둘러싼 실험적 행동
이나 실질적으로 전통적 의미의 작품이 없는 예술과 같은 움직임
도 있다. 도시를 대상으로 한 수많은 질문은 동시대 문화예술 현장
에서 예술의 시각으로 바라본 도시의 변화와 이해를 통해 답안을
찾곤 한다.

---

6) 서우석, 「도시인문학의 등장 – 학문적 담론과 실천」, 『도시인문학연구』 vol.6
　issue2, 2014, 34쪽.

2) 도시의 생명력

오늘날 전 지구적으로 주어진 것들은 한정되지만 지속적인 소비 문제에 대한 일종의 해결 방안으로 새로운 것의 추구보다는 기존 것에 새롭게 생명력을 부여하는 노력이 이어지고 있다. 그중 하나가 다양한 측면에서의 도시의 재생일 것이다. 우리나라에서도 역시 전국적으로 봇물 터지듯 확장되고 있는 크고 작은 도시재생을 위한 움직임에서 역사가 담긴 지역의 장소성은 무엇보다도 중요한 지점으로 강조된다. 이는 도시의 마케팅에 있어서도 역시 핵심요인이 된다. 도시의 잠재적 경쟁력을 비롯한 다양한 가능성을 회복하기 위한 첫 단계로 무엇보다도 지역의 정체성을 굳건히 하기 위해 장소성을 명확히 하는 많은 노력이 있다. 장소성을 위한 학술적 연구, 도시의 이미지를 위한 디자인 영역들을 비롯한 관광사업이나 축제와 같은 문화예술 행사들 등도 그 노력의 일부이다.

물리적인 역사 공간에 가치를 부여하는 작업은 인문학에 의해 수행될 수밖에 없다고 도시인문학자들은 주장하곤 한다. 인문학의 지식과 성찰, 글쓰기가 도시의 문화적 가치를 뒷받침해 줌으로써 지역의 경제적 가치 생산에 참여하게 한다는 주장이다.[7] 하지만 도시인문학을 비롯한 학문에서 실천을 중시하며, 실질적으로 어떠한 방식으로 실천할 수 있을지에 대한 많은 고민은 여전히 존재한다. 장소를 마케팅하고 브랜딩하는 과정에서 스토리텔링과 콘텐츠 제작의 중요성을 강조하는 부분은 예술의 입장에서도 마찬가지이다.

도시는 도시 자체만의 타고난 여건과 그 안을 채우는 사람과 여

---

7) 서우석, 앞의 논문, 41쪽.

러 입장의 필요에 따라 변화되어 왔다. 오늘날 도시재생과 관련된 일체의 사업들이 전 세계적으로 중요하게 다뤄지며 그 영역이 확장되고 있다. 도시재생 사업들이 많아진다는 것은 그만큼 우리의 도시가 늙어가고 있다는 증거이다. 세월의 흔적을 인위적으로 지우고 완전히 새로운 것으로 바꾸며 젊음을 끝까지 지키려다 결국 어색함으로 가득해지는 얼굴이 되는 것처럼, 도시의 역사 안에서 켜켜이 쌓여 온 흔적들이 어색함이 아닌 세월의 연륜의 가치를 얻기 위해서는 그 자체의 가치를 주의 깊게 살펴보는 것이 더욱 중요할 것이다.

인천의 신도시를 비롯한 많은 지역 중에서도 구도심을 중심으로 아도도시연구가 기획되고 전개되어 온 시작 지점은 여기이다. 아도도시연구는 본연의 가치를 새로운 것에서 찾는 것이 아니라 이미 가지고 있는 것들의 이면을 찾아내는 것이 오랜 역사 안에서 도시가 가치를 확고히 할 수 있는 주요 방법의 하나로 보았다. 겉으로 단순히 보이는 것 이면의 것들을 찾아내는 도구의 하나로 예술가의 시선에서 비롯되는 개인의 관찰과 경험 그리고 기억과 기록을 선택했다.

근래 몇 년간 도시재생과 관련된 다양한 형태의 학술행사가 동시다발적으로 개최되며 국내외 도시재생 사례들이 발표되었다. 그중에는 문화예술을 통한 문화적 도시재생의 중요성을 강조하는 경우가 상당수 포함되어 있다. 문화적 도시재생을 강조하며 도시재생이 문화와 연결되어야 하는 근거와 정당성을 부여하기 위해 지역의 고유한 문화와 장소성에 대한 이해를 강조한다. 이와 같은 배경 하에 도시인문학은 그 역할에 대한 기반을 더욱 굳건히 할 수 있게 되었다고 보인다. 오늘날 도시재생은 정책상으로 과거의 건설 위주의 도시재생과는 다른 부분들을 강조한다. 그중 가장 중요한 것이 재생 대상이 되는 도시에 사는 사람에 의한 그리고 그들을 위한 실천력이라고 본다. 하지만 여전히 건축과 토목 등의 정비와 같은 하드웨어가 중심이 되어 추진되고 있어 보인다. 차츰 도시재생을 위한 소프트웨어의 역할이 인식되면서 많은 경우에 투입이 되고 있음에도 불구하고, 도시재생의 단위별 사업의 계획단계에 소프트웨어는 주체적으로 처음부터 개입하기 어려운 구조이다.

도시의 한 지역을 재생하기 위해서는 지역 마다의 시간과 콘셉트가 적용되어야 할 것이다. 이 과정은 문화예술을 기반으로 한 소프트웨어의 역할을 통해 온전히 이뤄질 수 있다. 예술가들이 도시를 바라보는 시선과 경험 그리고 행동은 지역의 활성화를 위한 콘셉트를 찾아내고 필요한 시간을 측정하고 형성하는데 탁월한 능력을 발휘한다. 신도시와 구도시 사이의 불균형적 발전에 따른 원도심의 쇠퇴와 함께 도시재생 대상지에서의 과거와 현재 그리고 앞으로의 사업들을 보면, 유휴산업공간 등 공가 및 폐가를 활용한 문화예술기구를 조성하거나 역사기반 문화지구를 중심으로 지역을 활성화하며 지역문화 자원을 발굴하고 이를 기반으로 콘텐츠화하는 사업들이 많은 비중을 차지한다.

이 외에도 문화산업을 육성하고 특화 거리 및 경관을 조성하며 창작공간과 문화시설을 조성하고 생활예술을 지원하거나 축제 및 행사를 개최하는 방식들이 있다. 도시재생은 실질적인 도시의 하드웨어를 바꾸기 보다는 해당 지역에 거주하는 주민 주도적이면서도 다양한 문화예술을 포함한 지역 고유의 콘텐츠를 풍부히 함으로서 이뤄질 수 있다는 사실의 반증일 것이다.

오늘날 도시인문학의 영역 안에서 상당수의 지역학 연구 성과가 도시의 장소성과 역사성을 보완해주는 기능을 하고 있음을 알 수 있다. 도시를 대상으로 한 지역학 관련 연구에서 각 도시의 장소성을 강화하는 기능을 수행하고 있지만, 예술의 구체적인 개입과 현황을 다룬 연구는 쉽게 찾아보기 어렵다. 또한 간간히 접할 수 있는 예술과 관련된 연구의 경우 역시 오직 텍스트에 기반한 연구 결과가 대부분이다. 도시를 중심으로 한 다양한 융합학문들의 연구의 실질적인 결과는 아무리 실생활의 실천성을 중요하게 강조한다고 하여도 대부분이 텍스트 중심이다. 텍스트는 한 장소가 지닌 역사적 사실을 비롯한 다양한 학문적 영역에서 정보와 또 다른 사고를 유도할 수 있는 기회를 제공한다. 하지만 텍스트 기반 도시 이야기는 여러 인식의 단계를 거쳐 창조된 예술을 통해 다시 다뤄질 때 또 다른 이미지와 의미의 가능성을 전달할 수 있다.

예술은 다양한 영역에서 창작의 모티브를 얻는다. 오랜 역사 안에서 인간 자체와 쉽게 시각화될 수 없는 인간의 내면, 그리고 인간을 둘러싼 다층의 외면으로부터 창작은 시작됐다. 오늘날 예술의 폭넓은 창작의 모티브 중 도시는 무엇보다도 풍부한 시작점이 된다. 물론 도시는 오늘날 특정한 시기가 되어서야 처음으로 예술의 모티브로 작용한 것은 아니다. 오랜 세월 동안 서구의 미술에서 종교는 예술가들의 예술 활동과 생계의 배경이 되어왔다. 그리고 세월이 지나 더는 종교가 예술인으로 사는 삶을 위한 모티브이자 배경이 될 수 없었던 시기가 되었을 때, 그들이 처음 눈을 돌린 곳이 바로 내가 사는 도시의 모습이었다.

오늘날 일반인들이 예술을 향유하고, 여러 방식으로 예술에 참여하며, 예술의 일상으로의 개입이 이뤄진다. 도시의 다양한 장소에 집중적으로 적용되는 공공미술 역시 도시를 중요한 일종의 창작의 모티브로 다룬 결과라고 볼 수 있다. 다양한 연령과 빈부의 격차, 학벌과 성별 등의 사람들이 모이는 또는 지나가는 도시의 공공의 공간을 위한 예술은 도시가 모티브가 되지만 도시 또는 예술가가 주체가 될 수 없다. 하지만 오늘날 공공미술의 상당한 한 축을 차지하며 많은 변형을 만드는 예술의 도시에 대한 접근 방식으로 커뮤니티 아트가 있다. 커뮤니티 아트는 지역민과 예술가가 주체적으로 참여하고, 복합적으로 도시가 예술의 모티브가 되는 경우라고 볼 수 있다. 도시의 장소와 공동체에 예술가가 예술을 들고 개입하였을 때, 예술가는 그 공동체의 일원이 되며 동시에 도시를 관찰하고 경험하는 관찰자가 되기도 한다. 예술가의 입장에서 도시를 경험한다는 것은 관찰과 참여와 개입 과정을 거치며 도시와 소통하는 것을 의미한다. 즉 도시를 경험하고 도시와 소통하는 것은 여러 의미에서 움직임을 통해 가능하다고 볼 수 있다.

아도도시연구는 실질적으로 길을 걷는 관찰 경험과 그 과정에서 획득할 수 있는 도시 내부로의 참여와 개입을 도시를 예술의 모티브로 삼은 예술가들의 창작의 주요 시도로 보았다. 그리고 모든 도시가 예술과 만나는 과정에서 가장 중요한 것을 이동으로 보았다. 즉 도시를 이해 또는 경험하기 위해 선택한 기본적인 방법이 이동인 것이다. 이와 같은 이동이 인천이라는 특정 지역을 관찰하고 참여하고 개입하며 도시 만의 장소성과 가능성을 찾는 것을 이론적으로 설명할 수 있는 개념으로서 우선 모빌리티에 집중하게 되었다.

예술의 모티브로서 도시를 바라보고 경험하고 창작으로 이어지는 모빌리티의 과정 안에서 도시는 감추어졌던 새로운 차원의 의미를 찾을 수 있게 된다. 즉, 예술의 모티브를 도시에서 얻음으로써 도시를 이해할 수 있는 새로운 통로를 구축할 수 있는데, 그 기본적인 방법을 모빌리티 이론에 근거하여 설명할 수 있다.

3. 도시 보행자의 탐색

1) 장소 경험과 파편화된 기록

발터 벤야민(Walter Benjamin)은 도시에서 태어나 도시에서 살았고 평생 동안 도시를 떠나지 않았다. 그에게 중요한 사람과 장소와 공간이 모두 도시에 있었고, 그러한 도시는 그의 작품의 모티브가 되었다. "파사젠베르크"로 대표되는 벤야민의 연구 중 상당 부분은 도시에 대한 것이다. 2차대전 중 1940년 9월 자살로 생을 마감함에 따라, 벤야민의 "파사젠베르크" 프로젝트는 끝내 완성되지 못하고 메모 뭉치들로만 남게 되었다. 그는 처음 베를린이라는 도시를 접했고, 모스크바, 바이미르, 마르세유, 나폴리 등 수많은 도시를 거쳐 마지막 도시로 파리를 만났다. 그의 작품에서는 현대 도시의 공간과 건축물들, 그리고 그곳에서 벌어지는 사람들의 삶과 사람들 자체와 그들의 일상의 삶이 반복적으로 등장한다. 그의 도시 경험은 텍스트 뿐 아니라 여러 스케치로 발표되기도 했다.

그램 질로크(Graeme Gilloch)의 저작에 따르면, 도시를 주제로 한 그의 초기 에세이는 때에 따라 단순한 여행담이나 일요일 신문에

실리는 기사 정도로 간단히 평가되기도 했다. 하지만 그의 19세기 파리에 관한 미완성 연구인 "파사젠베르크" 또는 영어로 "아케이드 프로젝트"로 불리는 저작이 1982년에 비로소 출간되면서 각종 잡지에서 벤야민을 특집으로 다루며 파리에서는 출간을 기념하는 학술회의까지 개최될 정도로 학계의 주목을 받았다.[8]

19세기 중엽 파리의 파사주에서 자본주의의 원형을 찾았던 "파사젠베르크"는 완성된 하나의 글이 아니라 매우 파편적인 메모의 모음이었다. 하나의 이야기가 불쑥 전혀 다른 이야기로 전개되기도 하고, 서로 상관없는 이야기나 단어들로 나열되기도 했다. 그는 도시의 물리적 구조와 거기서 발견되는 구체적 대상들에 관심을 가졌으며, 도시와 도시인들의 사소한 경험을 식별하고 탐구하려 했다. 도시의 일반적인 이미지에 의존하여 도시를 이해하는 것이 아닌, 미세하고 주변적인 요소에 집중하며 도시 환경에 대한 관심과 관찰을 중요시했다. 질로크에 따르면, 도시 풍경에 대한 벤야민 저작의 중요한 주요 주제 중 하나는 도시는 과거의 환영과 현혹적 환상의 장소라는 비판이다. 그는 현대적인 것을 지속적인 단선의 발전과정으로 획일적으로 이해하거나 인간의 노력과 성취의 정점으로 이해해서는 안 된다고 주장했다.[9] 그의 글에서 나타나는 도시는 사랑의 대상이면서도 비판과 혐오의 대상이기도 했다. 그의 연구의 진정한 의의는 문화를 단순히 보고 경험하는 것에서 그치지 않고, 그것을 경험하고 바라보는 시선 자체에 대한 분석을 기반으로 역사에 대한

---

8) 그램 질로크, 『발터 벤야민과 메트로폴리스』, 노명우 옮김, 효형출판, 2007, 18쪽.
9) 그램 질로크, 앞의 책, 34-35쪽.

사진 04. 최영 〈Road View〉 단채널 영상, 00:11:29초, 2015

통찰을 남겼다는 데 있다고 볼 수 있다.

　파편화된 기록의 아카이빙은 아도도시연구에 참여한 여러 예술
가들의 도시를 관찰하고 경험하는 초기 과정에서 많이 다뤄졌다.
그 중, 최영의 〈Road View〉[사진 04]는 파편화된 기록의 집합을 주
요 방식으로 채택한 작품이다. 이 작품은 단채널 영상 작품으로, 최
영은 인천 중구의 자유공원과 인천아트플랫폼 주변 지역과 동구의
만석부두와 화수부두 주변을 대상지로 선정하고, 깊숙한 골목 안이
나 도로와 건물들 사이의 공간들을 디지털 캠코더로 탐방하고 기록
한다. 그에 따르면, 영상은 좌측에서 우측으로 흐르는 시점(a point
of view)과 시점(a point in time)의 변화를 보여주는데, 이것은 개항
이후 흘러온 중구와 동구의 지역성과 역사성을 자연스러운 하나의

로드뷰로 이어주기 위함이다.[10)]

　마치 20세기 초 현대미술의 가장 중요한 예술적 전환점에서 다뤄졌던 초점이 없는 파편화된 또는 파편화된 뒤 재조합된 이미지를 통해 대상의 진정한 본질을 이해할 수 있다고 보았던 담론과 배경을 같이한다. 이러한 배경은 단일한 시점에서 바라보는 대상의 이미지 또는 단일한 시점으로 인식할 수 있는 화폭 내의 이미지에 대한 인식에 대해 과감히 초월하며 가능해졌다. 사람이든 풍경이든 사물이든 눈앞의 대상을 감각으로 받아들일 때, 우리는 실질적으로 대상의 전체를 한 번에 동시에 인식할 수 없다고 보았다. 수많은 파편화된 이미지를 감각이 동시에 경험하며 또한 매우 짧은 순간에 재빨리 재조합을 이루며 우리에겐 하나의 대상으로 인지된다는 논리이다. 최영의 파편화된 이미지를 시간과 공간의 흐름 안에서 도시의 자연스러운 로드뷰로 재조합한 작품의 전반에는 이와 같은 단일한 시점에서 대상의 진정한 이미지를 볼 수 없다는 개념이 자리한다.

　아도시연구를 통해 발표한 최영의 또 하나의 작품은 자유공원의 맥아더 동상, 팔각정, 제물포 구락부, 장미광장 등 여러 장소의 파편화된 이미지를 재조합한 일종의 진경, 참된 경치의 회화 작품이다. [사진 05] 양쪽 눈으로 대상을 바라볼 때 만들어지는 착시에 기반한 초점의 변화가 작품의 주요 모티브가 되어 온 하이퍼 리얼리즘 회화 작품을 선보여 왔던 그는 자유공원 주변의 역시 파편화된

---

10) 최영은 2015년도 아도시연구에 참여한 예술가 중 한 명으로, 본 글은 2015년 아도시연구 결과 기획전인 《도시는 역사다 - 인천 원도심 감각적 아카이빙》의 전시 리플렛에 소개된 작가노트의 일부에서 인용.

이미지 대상들을 재조합하여 또 다른 차원의 사실주의적 인천의 장소를 만들었다.

이와 같은 파편화된 이미지의 축적은 벤야민의 '산책가'의 보행과 관련되어 그 관찰과 경험 과정의 산만한 상황이라고 정리될 수 있는 조건에서 이뤄진다. 즉, 여기서 예술가의 본다는 행동은 단순히 일방적으로 보는 것이 아니라, 끊임없이 외부 환경과 상호작용을 일으키는 과정이다. 그렇기에 예술가의 경험 과정은 그 과정 자체 뿐 아니라 경험이 독해되는 과정을 통해 의미를 얻을 수 있다고 볼 수 있다.

사진 05. 최영 〈맥아더동상〉, 〈자유공원무대〉 캔버스에 유화, 2014

2) 경험과 독해

아도도시연구의 걷기의 모빌리티에 기반한 도시를 경험하는 과정은 항상 유동적이고 순간적인 경험을 어떻게 포착하는가에 대한 고민의 연속이다. 발터 벤야민은 도시의 풍경을 경험하고 독해하는 문제를 이미지, 거리의 멀고 가까움의 기본적인 원근법에 대한 관심에 기반한 공간에 대한 경험과 이해, 서로 상호관계를 맺거나 때로는 상반되는 단어들의 연결로 실행했다. 그리고 결과를 종합하며 도시를 이해하고 분석하며 비판했다. 또한 동시에 내가 눈으로 본 것을 정확히 말로 표현해야 할 때의 재현의 문제를 해결하려 노력했다. 아도도시연구 과정은 벤야민의 도시를 이해하는 방식과 많은 부분을 공유한다. 하지만 아도도시연구는 인천을 연구 대상 도시로 삼아 전개한 도시연구과정이 단순히 이미지나 텍스트에서 끝나지 않고, 예술가들의 시선에서 창작으로 이어질 수 있기를 시도했고 그 과정의 일부를 결과로 축적해 왔다.

2015년도 아도도시연구에 참여했던 예술가 중 심경보는 도시를 경험하는 과정을 기록하는 수단으로 거리에서 경험하는 장소의 단어 수집을 선택했다. 다른 참여 작가가 인천 중구와 동구를 경험하며 유동하는 순간의 생각을 때로는 사실적이거나 상징적인 하나의 문장이나 텍스트로 직접 기록했던 방식과는 또 다른 방식이다. 장소를 채우며 떠도는 텍스트의 아카이빙이라고 정리할 수 있다. 다음은 심경보의 걷기의 모빌리티에 기반하여 인천을 경험한 과정과 작품에 대한 글이다.

인천 지역에 대한 연고와 인연이 없는 외지인으로서, 인천이라는 도시가 처음 나에게 인지된 것은 텍스트로 이루어진 인천이라는 도시를 지칭하는 표시에 관한 것들로부터였다.

공간에 대한 기억은 시간과 그 시간 안에 같이 존재하고 있는 사람과 함께 한다. 그에 반해 시간을 함께 공유하지 못해 특별한 추억과 기억이 없는 사람의 낯선 도시와 지역에 대한 기억은 그 공간을

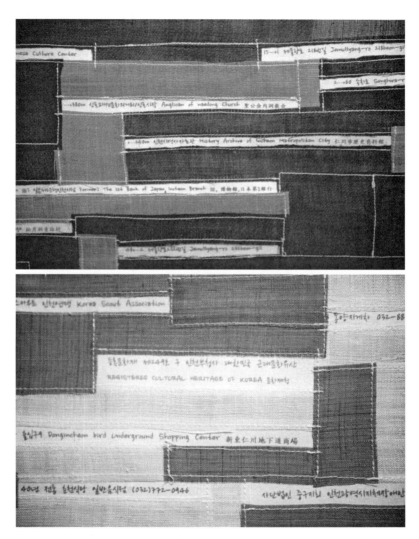

사진 06. 심경보, 〈글자로 인식된 인천 도시공간에 대한 기록〉 한지에 프린트 후 모시에 바느질, 2015

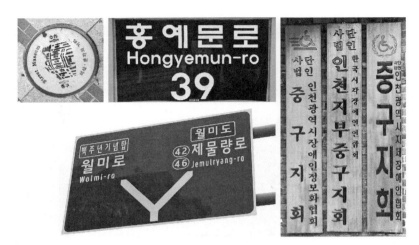

사진 07. 심경보, 인천 연구 과정 수집 이미지의 나열

인식하기 위한 텍스트에서 비롯된다. 이번 도시 아카이빙의 작업으로 수집된 자료는 정해진 기간 안에 인천 중구와 동구라는 도시 안에서 일어나 행해지고, 정해지며, 명명된 것들에 대한 기록이다.

이렇게 수집된 자료 (포스터와 이정표, 주소, 상호, 현수막 등)는 누구나 쉽고 빠르게 인천이라는 도시에 대해 알아챌 수 있도록 만든 표식에 대한 것들이며, 암호와 같은 부호들로 특정한 지역 혹은 물건을 지칭한 텍스트들이다.

이런 표식과 텍스트는 지금 현재의 시점 (2015년)에서 행해지고 있는 일상의 것들이며 이러한 것은 현재 인천 도시의 생태에 대해 직접 보여주고 있다.

인천이라는 도시 공간과 장소에 대한 시간성을 그 안에서 일어나고 있는 일들을 수집함으로써 자연스럽게 사라지고 움직이며 변화하는 도시의 모습을 기록해 보고자 하였다.[11]

심경보는 작품 〈글자로 인식된 인천 도시공간에 대한 기록〉[사진 06]이 전시를 통해 선보이기까지 인천의 중구와 동구를 중심으로 전개했던 도시 연구 방식에 관해 설명한다. 그가 집중했던 도시 경험의 통로는 지역에서 볼 수 있는 포스터와 이정표, 주소, 상호, 현수막을 비롯한 길거리 바닥이나 벽에서 볼 수 있는 다양한 디자인의 홍보물 등이었다.[사진 07] 그는 인천의 거리를 채운 이미지와 텍스트를 통해 인천의 흔적을 찾아보고자 했다고 한다. 심경보는 조각과 설치 작가로, 인천에 연고가 없는 서울을 거점으로 활동하는 작가이다. 아도도시연구 참여 작가는 크게 두 부류로 구성되었다. 인천 연고 작가와 인천 비연고 작가로 구분된다. 이 기준에 따라 작가들을 구성한 이유는, 인천을 경험하는 데 있어 인천을 익히 알고 있는 예술가와 인천을 잘 모르는 예술가의 시선에서의 관찰과 경험의 차이점을 의도했기 때문이다.

심경보와 같이 특별한 추억이나 기억이 없는 장소로서 인천을 경험하는 상황은 관계의 부재 상태에서 앞서 언급한 마르크 오제의 과거와 분리되어 현재와 연결되어 존재하는 일종의 비장소를 경험하는 것과 같다. 하지만 도시를 걸으며 도시의 사방에 뿌려져 있고 붙어 있는 텍스트들을 자의적으로 파편화된 정보와 이미지로서 수집하여 재조립하여 새로운 창작물로 만들어가는 과정에서 이 장소는 예술가에게 더이상 비장소가 아닌 관계로 가득찬 장소가 된다.

정헌목의 연구에 따르면, 드 세르토(de Certeau)는 장소를 인간의

---

11) 본 글은 2015년 12월 30일부터 2016년 2월 13일까지 스페이스아도에 개최했던 기획전시 《도시는 역사다 - 인천 원도심 감각적 아카이빙》을 통해 선보였던 심경보의 작품 〈글자로 인식된 인천 도시 공간에 대한 기록〉에 대한 설명 글의 일부분이다.

실천적 요소와 결합되기 이전의 지점으로 이해하고 공간을 실천된
장소로서 이해했다. 그리고 오제는 드 세르토가 공간이라고 해석한
지점에 주목하여 실천된 장소로서 공간을 인간적(인류학적) 장소
(anthropological place)와 비장소(non-place)로 구분하였다. 해당 연
구는 특정한 의미가 부여될 수 있는 공간에서는 여러 사람들의 실
천적인 행위가 다양하게 발생하고 각 개인의 경험에 의해 매개되는
인간적 장소가 존재할 뿐 아니라, 도시를 채운 텍스트나 이미지에
의한 매개가 중심이 되는 비장소 역시 존재한다고 설명하고 있다.
이와 같이 오제는 비장소의 특징으로 텍스트에 의한 공간에의 침투
가 발생하는 부분을 강조하며, 고속도로에서의 운전자의 예를 든
다. 운전자는 도시를 지나며 안내판의 텍스트를 보며 오직 텍스트
와의 상호작용을 경험할 뿐, 지나는 도로가 지니는 역사나 문화, 여
러 장소성을 직접 이해하기 어렵다고 보는 것이다. 더불어 공항 역
시 이처럼 단어나 이미지를 매개로 경험되는 비장소의 공간이라고
보았다.[12]

　하지만 여기서 고속도로의 운전자나 공항의 예를 통해 텍스트와
이미지로 경험되는 도시의 장소가 지니는 비장소성은 텍스트와 이
미지가 경험되는 방식과 상관없는 견고한 논리라고 볼 수 없다. 심
경보의 텍스트와 최영의 이미지는 스스로의 의지와 상관없이 단순
히 정보를 얻기 위해 취득된 것이 아니다. 오히려 그들은 능동적인
의지에 따라 텍스트와 이미지를 수집하고 재구조화하는 과정을 통

12) 정헌목, 「전통적인 장소의 변화와 '비장소(non-place)'의 등장 : 마르크 오제의
논의와 적용사례들을 중심으로」, 『비교문화연구』 제19집 1호, 2013, 107-141쪽.

해 장소의 온전한 장소성을 찾아낸다고 볼 수 있다.

벤야민이 도시를 이해하는 방식에 대해 질로크는 여섯 차원인 관상학, 현상학, 신화, 역사, 정치와 텍스트로 설명하고 있다. 도시를 독해해야 하는 공간이라고 본 벤야민은 관상학을 통해 도시를 깊숙이 관찰하고 도시의 일상을 탐구하며 그 내면의 핵심을 분석하고자 했다. 대도시는 단면적인 실체이면서 명확한 해독을 회피하는 그림 퍼즐이라고 보며, 도시를 경험하고 이를 나타낼 수 있는 방식에는 정해진 단일성도 고정성도 존재할 수 없다고 보았다. 도시를 경험하는 순간 돌발적으로 얻어지는 깨달음과 생각들의 파편을 중요시한 것이다.[13]

아도도시연구가 도시 연구를 시작한 배경에는 이러한 걷기를 통해 천천히 얻어지는 도시에 대한 경험은 많은 순간 돌발적이면서도 파편적인 일종의 영감을 주며, 그것들이 예술가들의 시선에 따라 창작으로 이어지는 결과를 통해 인천이라는 도시의 더욱 깊숙한 의미들을 발견할 수 있으리라는 신념이 있다. 벤야민의 관상학자의 시선이 도시의 참된 특성을 밝혀줄 방법의 하나라고 보았다. 관상학적 도시의 독해에 가장 중요한 것은 같은 대상을 여러 관점에서 바라볼 수 있는 경험의 확장에 있다고 볼 수 있다. 서로 다른 시선을 지닌 예술가들이 같은 지역을 경험할 때, 같은 거리를 걸을지라도 바라보는 시선의 방향은 모두 다름을 익히 확인해 왔다. 도시를 바라보고 경험하는 시선의 다양함 만큼 도시의 장소성을 읽을 수 있는 독해의 가능성은 풍부해진다.

---

13) 그램 질로크, 앞의 책, 334-338쪽.

3) 거리 산책자의 시각

질로크에 따르면, 벤야민은 도시를 구성하는 풍경을 비롯하여 그 안에 있는 사람들의 일상적 삶을 일종의 '거리산책자'의 시각으로 보았고, 이를 사유이미지, 변증법, 메시아적 신학관이라는 그만의 독특한 방식으로 분석하였다. 벤야민은 도시의 풍경을 오랜 시간이 흘러 흔적들이 축적된 것으로 보며 도시를 "삶으로 이루어진 풍경"으로 다뤘다.[14] 그는 흔적과 아우라의 관계를 조명하면서, 가까이 있지만 멀리 느껴지는 아우라라는 현상과는 달리, 흔적은 흔적을 남긴 것이 아무리 멀리 떨어져 있더라도 가까이 있는 것의 현상이라고 규정한 바 있다. 여기서 아무리 멀리 떨어져 있더라도의 의미는 그것이 과거나 현재 중 어느 지점과 관계된 것이더라도 지금 당장 존재하지 않음을 나타낸다고 볼 수 있다. 그는 특히 도시를 관찰하며 공간에서의 흔적을 중요하게 다룬다. 이 흔적은 바로 문화적 기억과 깊이 연관된다고 볼 수 있다. 벤야민에게 중요한 것은 타자의 흔적이 아니라, 흔적이 남겨진 장소와 그것을 읽는 행위자다. 따라서 그에게는 이 흔적을 읽는 주체, 즉 산책자의 시선이 무엇보다도 중요하다. 산책자가 가지고 있는 시선은 마치 범행 현장에서 흔적을 꼼꼼하게 읽는 탐정의 시선과 같아야 한다고 보았다.[15]

도시 공간에는 개인의 사소한 흔적부터 역사적으로 다양한 흔적이 축적되어 있다고 볼 수 있다. 그렇기에 도시 공간에는 개인의 흔

---

14) 그램 질로크, 앞의 책, 23쪽.

15) 심혜련, 「도시 공간 읽기와 방법론으로서의 흔적 읽기」, 『시대와 철학』 제23권 2호, 72-73쪽.

적과 동시에 무엇보다도 집단적 기억을 상기시킬 수 있는 기념물과 같은 흔적들이 남아 있기도 하다. 우리는 새로운 장소에 방문했을 때 그곳에 스스로 왔다 간 일종의 흔적을 위해 이름이나 다른 텍스트를 직접 남기는 일도 있다. 하지만 이러한 노골적인 흔적은 여기서 말하는 흔적을 의미할 수 없다. 도시를 경험하는 과정에서 비의도적인 흔적과 만나게 되고, 그 만남에서 우연히 작동하는 생각이나 기억과 회상이 도시 공간에 대한 흔적 읽기의 시작이라고 볼 수 있는 것이다.[16]

예술가들이 도시를 경험하면서 찾아내는 흔적은 지역민과의 대화를 통해 얻어낼 수도 있고, 길거리에서 주운 돌멩이나 광고지에서도 찾을 수도 있다. 비물질적인 대화와 같은 경험이든 물질적인 돌멩이나 광고지든 예술가 개인의 체험으로 획득되는 흔적들이지만 이것들이 창작을 거쳐 작품화되었을 때 그 흔적은 개인의 흔적을 떠나 또 다른 집단의 흔적이 될 수 있는 가능성을 얻게 된다고 볼 수 있다. 이와같이 흔적은 물질적 흔적 외에도 개인이나 집단의 생각이나 기억 등으로 설명할 수 있는 비물질적인 흔적을 포함한다. 흔적의 물질성과 비물질성은 도시를 경험하는데 있어 서로 다르면서도 공유하는 지점이 있는 경험의 축을 형성한다.

벤야민은 진정한 경험과 변질되어 버린 일상 생활에서 쌓인 경험을 각각 경험과 체험이라고 부른다. 이와 같은 경험 축의 기반을 다지는 흔적을 찾아내는 과정은 이른바 체험이라고 정의할 수 있을 것이다. 도시가 도시의 흔적인 물질적인 것과 비물질적인 것으로

---

16) 앞의 논문, 86쪽.

구성됨으로서 이해되고 정의될 수 있듯이, 미술이 미술로서 존재하는 조건에 대한 담론에서 미술은 물질성과 비물질성 사이에서 의미와 정의가 확장되면서 장소 특정성이 현대 미술에서 중요한 자리를 차지하게 되었다. 장소와 경험의 관계 안에서 지금도 끊임없이 다양한 예술의 방향성이 축적되어 가고 있으며, 이 관계는 아도도시 연구의 축을 이룬다고 볼 수 있다.

4. 모빌리티의 패러다임

1) 이동과 모빌리티

'이동'이 일상생활을 다루는 기본적인 키워드 중의 하나였던 것은 어제 오늘 일이 아니다. 우리의 일상은 매 순간 이동을 통해 실현된다. 아침에 일어나 집 안에서 이 공간에서 저 공간으로 이동하며 출근 또는 등교할 준비를 하고, 집을 나선 순간 걷기나 여러 방법으로 이동을 하여 목적지까지 다다른다. 이러한 이동이 일어나지 않으면 우리의 일상은 이뤄지지 않는다. 즉 이동과 흐름에 대한 관심은 최근에 일어난 것은 아니다. 하지만 오늘날은 훨씬 이전의 시대와는 또 다른 이동이 일어나고 있다. 바로 기술의 발달과 스마트 기기의 출현으로 복잡한 네트워크와 가상 현실과 같이 인간의 이동은 끝없이 확장되고 있다. 또 다른 이동이 가능해지고 활발해지며 전 세계적으로 예기치 못한 감염병의 문제로 물리적 이동이 불가능함에도 불구하고 업무와 학업의 상당 부분이 가상 이동을 통해 극복되기도 한 현실을 볼 수 있다. 오늘날은 어떠한 방식으로든 지속

적으로 이동하는 삶이 오히려 일반적이고, 어딘가에 정주하고 정지
해 있는 삶 자체가 일시적인 시대로 볼 수 있다. 그만큼 모빌리티
는 현 세계의 다양한 현상과 이해 방법 등을 설명하는데 있어 가장
중요한 화두 중 하나라고 볼 수 있다. 예술의 경우도 예외가 될 수
없을 것이다.

현대미술의 여러 전환점에서 '이동'은 다양한 의미로 다뤄진다.
20세기 초 등장한 설치 미술은 주로 제도에 대한 비평과 함께 전개
되었다. 설치미술은 장소와 재료에 대한 새로운 접근 방식과 영구
적이지 않고 소장될 수 없는 특징을 정체성으로 한다. 하지만 1960
년대에 이르면서 기존의 설치 미술이 재제작되면서 일시성이 소멸
되어 버리고 미술관에 판매됨으로써 소장되며 본래의 의미는 변해
갔다. 즉 설치미술가들은 자신의 작품을 팔기 시작했고, 미술관은
그것들을 사기 시작했다. 이 과정에서 미술관이 수집한 작품 중에
는 번개 피뢰침에 번개를 치게 하는 작품이나 길거리의 돌멩이들을
주재료로 일시적으로 설치하여 언제든지 새롭게 배치가 될 수 있는
고정되지 않은 상태의 설치 작품과 같이 일시성과 비상업성을 지닌
작품들이 포함됐다.

이와 같은 배경 하에, 장소 특정성은 더는 한 장소에서만 예술로
서의 역할이 가능한 것이 아니라, 더 많은 장소에 적용되는 의미로
인식되기 시작했다고 평가된다. 즉, 장소 특정성의 개념이 제도권
으로의 유입과 부수적인 상업화로 인해 그 최초의 개념과는 달리
'이동'할 수 있음(transferability)과 유동성(mobilization)이라는 또
하나의 특징을 얻게 되었다고 볼 수 있다.[17] 이와 같은 장소 특정
성에서 장소의 개념에 변화 안에서도 많은 예술가들은 장소 특정적

인 미술의 일시성과 비상업성을 지속시키고자 했다. 오늘날 장소 특정적 미술은 장소와 관객의 개념이 변화하면서 쌓여온 여러 층의 해석과 적용의 가능성을 동시에 포함하고 있다고 볼 수 있다. 이러한 다층화된 개념의 공존은 문화예술의 현장과 이론에서 장소 특정성과 관련된 모호한 경계를 목격하게 되는 원인의 하나가 될 수도 있다.

장소 특정성의 범주 안에서 이동은 여러 측면에서 연결될 수 있다. 관람자의 이동으로 장소와 그 안의 예술작품의 관계가 마침내 성립되고 의미를 가지기도 하며, 예술가의 이동으로 지역 또는 상황을 이해할 수 있는 장이 열리기도 하고 특정한 장소가 의미를 부여받기도 한다. 또한 특히 예술가의 이동의 경우, 이동 그 자체가 물리적 공간의 변화에 그치는 것이 아니라, 모빌리티 이론에서 다루듯이 이동 자체는 이동이 내재한 다양한 관계들의 의미와 실천을 포함하며 가치를 형성한다.

오늘날 시대의 복잡한 네트워크의 관계가 구성하는 산물로서 '이동'을 이해하기 위한 새로운 관점이 모빌리티(Mobility)라고 할 수 있다. 2000년대 초부터 존 어리(John Urry)를 중심으로 한 사회학, 건축학, 도시계획학 등 여러 영역의 학자들에 의해 모빌리티 이론이 구체화 되었다. 우리나라에 관련 서적들이 번역되어 소개되면서 영어로 이동성을 의미하는 모빌리티(mobility)는 이동성으로 그대로 번역되었을 경우 이동(movement)의 의미가 지나치게 두드러질 수 있으므로 모빌리티로 그대로 사용하게 되었다.[18] 모빌리티 이론에

---

17) Susan Hapgood, 「Remaking Art History」, *Art in America*, 1990.7, pp.115–122.

2장. 도시, 예술 그리고 모빌리티 63

서 모빌리티는 단순히 이동만을 의미하는 것이 아니며, 이동에 내
재한 다양한 관계들의 의미와 실천을 의미하기 때문이다. 즉 단순
한 사람의 이동 뿐 아니라, 사물, 정보, 이미지의 이동 등을 포괄하
는 개념이다. 이 지점에서 아도시연구의 기본 과정인 이동을 통
한 도시 또는 장소를 경험하는 방법을 모빌리티 이론을 기반으로
이해해 본다.

모빌리티는 일상에서의 걷기부터 자전거, 오늘날 특히 많이 사용
하고 있는 킥보드, 자동차, 열차, 선박, 비행기 등을 활용한 이동을
포함한다. 일상적 이동과 업무나 관광 등의 목적으로 일어나는 단
기간 이동과 장기간 이동을 포함하며, 지역, 국가, 지구적 차원의
이동을 모두 포함한다. 그리고 이러한 물질적인 이동과정과 함께
또는 별개로 일어나는 사람과 사물, 그리고 자본과 정보의 이동 뿐
아니라 이러한 이동이 가능하게 만드는 여러 기술과 인프라까지도
포함할 수 있다.

특히 오늘날 모빌리티는 실제의 이동과 더불어 가상의 공간에서
일어나는 이동을 무엇보다도 중요하게 포함한다. 과거와 오늘날의
모빌리티의 의미와 범위의 차이는 오늘날의 사회를 모빌리티 사회
라고 규정할 수 있을 만큼 움직임이 중심이 되는 특징을 통해 분명
해진다. 모빌리티 사회라 부를 수 있는 오늘날 우리의 실생활의 많
은 경우에서 실질적인 움직임이 아닌 가상의 움직임이 중심이 되는
상황을 쉽게 찾아볼 수 있다. 장소에 구애받지 않고 일어나는 그리

---

18) 이용균, 「모빌리티의 구성과 실천에 대한 지리학적 탐색」, 『한국도시지리학회지』
vol.18. issue03, 2015, 148쪽.

고 이뤄 낼 수 있는 많은 일들은 전 세계가 감염병으로 움츠러드는 동안에서 세상이 돌아가도록 만드는 중요한 장치가 되었음을 확인하게 된다.

가상공간의 모빌리티는 아도도시연구가 진행되는 과정에서 다양한 방식으로 사용된다. 가장 일반적으로 다뤄진 것은 자유로우며 제약이 없는 예술가의 이동 자체의 대부분의 순간들을 디지털 기기를 통해 저장하고 전송하고 공유하는 지점이다. 저장된 디지털 자료 안에는 위치에 대한 정보를 포함한 여러 정보들이 담겨 있다. 실질적으로 예술가의 도시 경험의 이동 과정의 동선을 동시에 기록하고 있는 가상 공간의 모빌리티는 예술가의 걷기의 모빌리티가 더욱 많은 기록과 기억을 포함할 수 있도록 돕는다.

2) 사회를 바라보는 새로운 관점

존 어리는 그의 저서 『모빌리티』를 통해 이동과 이로 인해 발생하는 사회 현상들과 쟁점들에 주목하여 사회를 바라보는 새로운 관점으로서 모빌리티 패러다임을 제시했다. 이 패러다임은 사회적 관계가 거리(distance)를 가로지르는 사람, 사물, 정보, 이미지의 간헐적이고 교차적인 이동에 의존하는 방식을 밝힌다고 주장한다. 이동의 물리적 측면만이 아니라 거리의 경제적, 사회적, 문화적 조직화에 주목하도록 한다.[19] 그가 주장한 이른바 '새 모빌리티 패러다임'은 사람과 사물을 비롯한 정보 등의 이동이 오늘날 현대 사회의 본

---

19) 존 어리, 『모빌리티(Mobility)』, 강현수·이희상 공역, 아카넷, 2014.

질을 분석하는데 필요한 혁신적인 패러다임의 전환이라고 보았다. 즉 보이는 것뿐 아니라 보이지 않던 것들과 고정된 것뿐 아니라 움직이는 것을 현대 사회의 본질로 바라보았다.

그는 저서 『모빌리티』를 통해 사람들이 왜 물리적으로 이동하는 지, 이동의 효용과 즐거움, 고통은 무엇인지 그리고 이러한 이동의 사회적이고 물리적인 파급효과는 무엇인지에 대해 묻고 있다. 본 필자는 어리의 의견에 대응하여, 왜 예술가가 물리적으로 도시를 이해하기 위해서 이동해야 하는지, 이동을 통해 예술가들이 얻을 수 있는 것은 무엇인지, 그리고 이러한 이동의 결과로서 이뤄지는 창작은 도시를 이해하는 데 어떠한 도움을 주며 도시의 장소성을 위해 무엇을 기여할 수 있는지 질문을 던져본다.

존 어리는 새로운 패러다임에 대해 다루며, 모든 사회적 관계를 다소 먼 거리에서 빠르고 강렬하게 나타나면서 물리적 이동을 수반 하는 다양한 연결과 관련된 것으로 봐야한다고 주장한다. 사회 관계는 결코 장소에 고정되거나 위치하지만은 않으며, 순환하는 실체 (circulating entities)를 통해 다양하게 구성된다고 보았다. 또한 순환하는 실체가 많이 존재하는데, 그것은 사회 내 관계성과 사회 간 관계성을 다중적이고 다양한 거리에서 발생시킨다고 보았다. 또한 그는 역사적으로 일반적 논리로 받아들여져 왔던 지리적으로 근접 성이 상호작용에 중요한 요인이라는 부분에 대해 반박한다. 즉, 사람들이나 사회적 집단과의 연결은 지리적 근접성에 기초하지 않으 며, 오히려 사물, 사람, 정보, 이미지의 이동을 통해 발생하며, 이 러한 이동은 다양한 사회적 공간을 가로지르는 연결과 그 공간에 대한 연결을 수반한다고 보았다.[20]

어리는 『모빌리티』를 집필할 당시 상황에 대한 통계를 기반으로 다음과 같은 수치를 예측했다. 당시 전 세계 시민들이 비행기와 자동차를 이용하며 이동하는 것을 포함하여 하루에 총 239억km를 이동하는데 비해, 2050년에는 그 네 배에 가까운 1,969억km로 늘어날 것으로 예측했다. 또한 사스나 여러 나라에서 일어난 폭탄테러와 그 외의 전 지구적 재앙 때문에 전 세계인의 국제적 이동이 장기적 관점에서 실질적으로 줄어들었다는 징조는 어디에도 보이지 않는다고 보았다. 하지만 2020년 한 해 동안 전 세계에 불어닥친 감염병의 고통이 그 이동의 수치를 큰 폭으로 줄이는 상황을 유발한 사실은 예측할 수 없었을 것이다. 2020년 11월 기준 세계보건기구 (WHO)의 발표에 따르면, 전 세계 코로나19 환자수는 6천만 명을 돌파했다. 하지만 많은 나라의 보건정책을 관장하는 전문가들은 실제 감염자 수는 훨씬 더 많을 것이라고 보았다.

감염병 또는 전염병의 확산을 가속시키는 시대적 배경의 하나로 모빌리티의 고도화를 찾을 수 있을 것이다. 세계를 범위로 한 네트워크와 모빌리티로 바이러스는 급속히 확산된다. 그리고 확산한 바이러스로 모빌리티는 제한을 받게 된다. 그리고 이 과정과 결과에서 일어나는 물리적인 모빌리티는 디지털 네트워크나 스마트폰 등의 가상의 모빌리티의 확장을 불러일으킨다. 존 어리는 사람이 부재할 경우, 즉 직접적인 대면 방식의 이동과 상호작용이 부재할 경우 사람과 장소의 다양한 연결이 가능하게 하는 방식에서 교통과 통신의 다양한 기술에 부분적으로 의존하는 상호 의존적 이동에 관

---

20) 존 어리, 앞의 책, 103쪽.

한 담론에 대해 언급한다.

또한 실질적인 사람의 육체를 수반한 물리적 이동은 경험하는 외부 세계에 대한 직접적 감각과 사회적 취향, 구별, 이념, 의미를 나타내는 담론적으로 매개된 감각 경관 사이를 오가면서 움직인다고 보았다. 여기서 이동은 사람, 사물, 기술, 텍스트 등의 사이의 다양한 혼종 결합체들의 이동으로 볼 수 있으며, 이동 과정을 통해 도시 경관을 재형성한다고 보았다.[21]

3) 모빌리티 이론과 장소특정성

피터 애디(Peter Adey)는 2017년 『모빌리티 이론』의 제2판을 쓰며, 모빌리티 연구가 이제는 어느 정도 자리를 잡았다고 평가했다.[22] 2000년대 초반 이후 모빌리티 연구와 관련된 학술지들의 발간과 컨퍼런스 등이 이어 개최되며, 하나의 학문으로서 약간의 영구성과 견고성을 획득했다고 보았다. 하지만 그가 언급한 모빌리티 이론의 일관성과 견고성은 모빌리티 이론을 연구하는 방법론과 그것이 적용될 수 있는 응용 영역의 한정됨을 의미하지는 않는다. 오늘날 모빌리티 이론은 여러 관심 분야와 움직이고, 성장하며, 융합하면서 다양한 방식으로 재구조되고 확장되고 있기 때문이다.

모빌리티 연구는 이론적으로 신생분야로 볼 수 있다. 모빌리티 연구의 시도는 1990년대부터 본격적으로 다뤄지기 시작했다. 마르크 오제의 『비장소』(1995), 캐런 캐플런의 『여행의 물음』(1996), 존

---

21) 존 어리, 앞의 책, 105-106쪽.
22) 피터 애디, 『모빌리티 이론』, 앨피, 2017, 55쪽.

어리의『관광객의 시선』(1997), 등이 시작이 되고 어리의『사회학을 넘어선 사회학: 21세기를 위한 모빌리티』(2000)을 통해 사회적 탐구 대상으로서의 움직임에 모빌리티라는 단어를 사용하였다. 이후 어리는 2006년에 미미 셸러와 함께 모빌리티 패러다임, 즉 기존의 사회학 패러다임과 달리, 동적인 것을 중심으로 사회를 이해하려는 이론적 틀을 제창했다. 그리고 이러한 패러다임의 전환을 통해 탄생한 이론적 장이 모빌리티 이론이라고 정리할 수 있다. 2006년 학술지『모빌리티스(Mobilities)』의 첫째 호와 함께 특집호인 "환경과 계획 A"가 출판되며 모빌리티 전환에 대한 모든 본격적 논의의 출발점이 되었다고 본다.23) 2006년 이후 10년 동안 매해 3회 출판에서 5회 출판으로 확장하며 모빌리티 연구는 확산되었다.

　하지만 연구자들은 모빌리티 이론의 타이틀 하에 다뤄진 많은 연구들에서 과연 모빌리티 이론이 이전의 유사 이론들과 구분할 수 있는 새로운 것은 무엇인지에 대한 질문에 모빌리티 연구 10주년을 기념하며 지금까지의 연구를 돌아보는 지점에서도 그 답을 명확히 하는 것은 쉽지 않다고 얘기하고 있다. 그 이유 중 일부는 모빌리티 연구가 단일한 분야로 담론을 형성하기보다 여러 학제간 분야들에 따라 특정한 문제들을 제시하고 그에 따른 연구가 전개되어 온 현황에서 찾을 수 있다. 즉, 모빌리티 연구가 지니는 새로움에 대한 기준은 각 연구들이 어떻게 자리하고 맥락화되는지에 따라 달라질 수 있다고 보았다. 또한 각 분야가 모빌리티 연구의 영역하에 공유하는 부분과 동시에 이질적인 부분을 지니기 때문에 획일전인 판단

---

23) 앞의 책, 8-9쪽.

하에 모빌리티 이론을 이해하는 것은 힘들거나 일시적일 것이라고 볼 수 있다.[24]

이러한 모빌리티 연구에 대한 입장은 이 연구의 다양하고 넓은 발전 범위에 대한 증거라 볼 수 있다. 미미 셸러는 모빌리티는 항상 특별한 종류의 모빌리티 공간을 창조하는 다양한 사회 기술적 체계와 인프라들로 유지되고 가능해졌으며, 그러한 모빌리티 능력에서 권력 격차를 재생산한다고 보았다. 그는 보행자의 모빌리티에 대한 연구들은 일종의 수행과 실천을 통해 연결된 장소들, 사람들, 기술들, 그리고 자연들 사이에 불안정하고 계속 변화하는 상호관계 하에 형성됨을 강조한다.[25]

모빌리티 이론이 미술을 비롯한 예술과 만나 재구조되면 일부는 미술의 현상학적이고 유목주의적 배경과 맞닿을 것이다. 이는 장소 특정적 미술(site-specific art)에 대한 담론을 논할 때, 장소 자체와 장소를 매개하는 인간의 움직임이 실질적으로 미술의 중심에 자리했을 때의 상황과 연결된다. 또한 모빌리티 이론은 예술에 있어 장소의 물질화와 비물질화의 개념과 연결된다. 미셸 푸코는 20세기 문화 중 공간 개념의 중요성에 집중한다. 그는 동시성과 공존과 병렬의 시대인 현대의 공간 개념 중 '사이트(site)'의 관계에 대해 논한다. 그는 공간(space), 장소(place), 사이트(site)의 용어를 동시에 사용하는데, 여기서 장소는 실제 장소성을 갖는 개념이고, 사이트는

24) 제임스 폴콘브리지·앨리슨 후이 편저, 『모빌리티 연구 10년, 모바일 장의 발자취』, 하홍규 역, 앨피, 2019, 11-13쪽.
25) 미미 셸러, 「불균등한 모빌리티의 미래 - 푸코적 접근」, 제임스 폴콘브리지·앨리슨 후이 편저, 『모빌리티 연구 10년, 모바일 장의 발자취』, 하홍규 역, 앨피, 2019, 43-44쪽.

상호관계 속에서 그 의미를 갖는 개념적이고 가상적인 장소 개념이라고 볼 수 있다.[26] 사이트의 개념은 70년대 이후 현대미술의 장소 개념과 연관된다. 푸코의 사이트로 이해되는 장소는 과거의 실재적인 장소와 구분되는 가상적인 것으로 물질적인 장소의 비물질화를 의미한다.

미술에 있어 장소의 개념은 단순한 물질적인 장소의 개념에서 벗어나 장소가 포함한 사회 정치적인 측면을 비롯하여 오랜 세월 안에 축적되어 있는 흔적들을 모두 포함한다. 이와 같은 장소의 비물질화는 작품의 비물질화와 함께 장소가 개념적이고 담론적인 측면들을 지니면서 더욱 강조되었다고 볼 수 있다. 유목주의적 배경과 맞닿은 모빌리티 이론은 가상 공간의 확장의 개념을 공유한다. 유목적이라는 개념은 장소 자체의 이동성에 의미를 두면서도 오늘날 이주와 유목, 즉 세계화 시대의 문화 현상을 반영한다고도 볼 수 있다. 하지만 세계화는 세계적인 것이 지역적인 것을 대체하는 것이라기보다는, 지역적인 것 혹인 장소나 현장이 세계적인 것과 연결되는 것을 의미한다. 오늘날 런던이나 뉴욕과 같은 먼 도시의 미술 현장에서 일어나는 다양한 상황들을 여기서도 우리가 알고 있으며, 때에 따라서는 그 곳에 가지 않고도 다른 도시의 예술을 경험할 수 있기도 하다. 이는 미술에 있어 장소의 비물질화와 유목주의 그리고 모빌리티 이론이 하나의 큰 흐름 안에서 서로의 맥락을 공유하기 때문이다.

---

26) 미셸 푸코, 「다른 공간에 대하여(Of Other Spaces)」, 전혜숙 번역 및 해제, 『Art in Culture』, 2000.8, 118~223쪽.

사진 08. 이홍규, 《Sensible Archiving Chicago》 전
(2015년 7월 3일~8월 2일, 스페이스아도) 엽서

2014년 레지던시 프로그램27)의 틀로 본격적으로 아도도시연구 프로젝트를 실행하기 이전 기획자 중심의 사전 연구로 도시 비교연 구를 진행했다. 도시를 경험하는 이동과정과 그 결과가 예술로 이 어지는 기획에 대한 사전 가능성 점검 차원의 프로젝트라고 볼 수

---

27) 레지던시 프로그램은 2014년 인천문화재단의 지원 사업의 타이틀로, 일반적인 작 업 내지는 거주를 할 수 있는 공간과 지원을 예술가에게 제공하는 일정한 레지던시 의 개념은 아니며, 장소를 거점으로 하며 지속적인 소통이 가능하도록 기획된 프로 그램을 지칭한다고 볼 수 있다.

있다. 대상 도시는 인천과 시카고였다.[28] 수많은 도시 중에 인천을 시카고와 선택하여 비교한 배경에는 우선 개인적인 경험에 기반한 이유가 있다. 하지만 극히 사적이라고만 얘기할 수 없는 이유이기도 하다. 두 도시는 본 필자가 관광객이 되기도 했었고 거주자가 되기도 했던 곳이기 때문이다.

두 도시를 지속해서 걸었다. 인천과 시카고는 필자에게 익숙하면서도 낯선 도시였다. 평생을 서울을 거점으로 생활하고 일해오다 잠시 방문했던 두 도시, 그리고 또 다른 인연으로 일정 기간 동안 머물렀던 두 도시는 마치 미술관에 걸리지 않으면 실제로 볼 수 없더라도 익숙한, 하지만 실제로 볼 때마다 매번 새로운 경험을 주는 한 점의 명화와 같은 존재였다. 두 도시를 하나의 예술작품으로 바라보며 접근했다. 대상을 인천의 중구를 중심으로 한 구도심과 송도를 중심으로 한 신도시, 그리고 시카고의 다운타운과 올드타운을 중심으로 한 지역들로 한정했다. 기존의 학술적 데이터와 이론들을 기반으로 도시를 분석하는 것이 아니라, 도시에 대한 최소한의 정보에 의지하여 시각적으로 이해되는 도시들에 대한 단상을 기록하고자 했던 프로젝트였다. 관광객의 모빌리티적 접근으로 도시의 장소, 사람, 자연과의 불안정하고 지속적인 상호관계를 형성했다.

하나의 도시를, 또는 도시를 구성하는 세분화된 구역을 이해하기 위한 여러 단계가 있을 것이다. 아도도시연구는 그 시작을 걷기에

---

28) (재)예술경영지원센터와 한국문화예술위원회의 지원으로 2013년과 2014년 두 해에 걸쳐 아도크리에이션의 정상희와 이홍규는 시카고를 비롯한 미주 도시들과 인천 리서치를 기획 진행했다. 이 과정을 통해 두 도시에 대한 텍스트와 사진 등의 자료를 아카이빙 했다. 그 결과물은 단행본으로 출간되었으며, 전시를 통해 아카이빙 이미지를 공유했다. [사진 08]

서 출발했다. 걷기 행위의 과정으로 시작되는 경험은 사진과 텍스트로 함께 기록된다. 도시를 걸으며 구경하고 감상하고 읽어낸다. 총 한 달이라는 기간 동안 주5일 근무의 개념으로 주말을 제외한 평일 아침 9시부터 오후 5시까지 지속적으로 걸었다. 최소한의 교통수단을 이용한 채 가능한 한 계속 걸으며 그 과정에서 장소와 사람과의 소통을 함께 축적했다. 익숙하면서도 낯선 도시는 마치 하나의 잘 알려진 미술 작품을 보는 것과도 같은 것이었다. 도시를 도시와 빌딩숲, 다리, 거리예술, 역사, 구조, 물, 구도심의 예술, 공원 등의 주제로 나눠 경험했다.

걷기의 모빌리티로 이뤄진 두 도시에 대한 경험은 시각적 아름다움의 기준, 규모가 주는 시각효과, 빌딩숲과 높이에 대한 집착, 보는 방향과 보이는 모습, 도시의 풍경을 독특하게 만들어주는 요소, 오래된 것들, 거리에서 만나는 생각, 바람과 상징물, 시간과 건축, 즉흥적 역사와 즉각적 반응, 경제와 구조, 구분과 조화, 도시 이야기의 시작점, 거점으로 물, 올드타운과 우각로, 도시 사람 예술 그리고 생명력, 역사와 지역사회, 시간의 응축, 도살장과 갤러리, 자연과 인위, 집중과 확장, 공간과 이야기 등의 키워드로 아카이빙되었다.[29]

걷기의 모빌리티를 기반으로 2013년에 시작된 아도도시연구 사전 연구 프로젝트에 이어, 2014년에는 총 8명을 구성원으로 한 아도도시연구를 시작하였다. 이는 2014년 4월 인천 중구의 인천아트

29) 정상희 글·이홍규 사진, 『시카고와 인천, 도시 만나기 - 시각예술로서의 도시 읽기』, 아도크리에이션, 2015. (2014 한국문화예술위원회 시각예술 비평 활성화 사업 선정 출판물)

플랫폼과 인천 중구청 사이에 문을 연 아도크리에이션의 첫 번째 거점 공간인 스페이스아도(spaceADO)를 중심으로 진행되었다.[30) "예술+중구 도시 활성화 프로젝트"라는 제목하에 전개된 프로젝트는 구본아, 김순임, 김하림, 노정하, 오숙진, 이호진, 이홍규, 정상희의 참여로 이뤄졌다. 다음은 당시 "예술+중구 도시 활성화 프로젝트"의 자료집 서문의 글 일부이다.[31)

세계 인구의 절반 이상이 도시에 거주하는 오늘날 도시들은 시대의 흐름에 따라 성장, 쇠퇴, 신생 그리고 재생 등의 과정을 겪으며 역사를 이뤄 온 유기적 존재이다 … (중략)

역사가 그러하듯, 정치, 경제, 문화, 사회 등 인류의 모든 것들은 도시와 직간접적으로 연결되어 있다. 역사의 기억이 치욕적이든 자랑스럽든 도시의 부분들은 가차 없이 제거되기도 하고, 왜곡되고 불필요하게 장식되며, 본래의 모습과는 전혀 다른 모습으로 남곤 한다. … (중략)

최근 문화예술을 통한 도시재생과 관련된 논의와 구체적 활동들이 국내외에서 다양하게 언급되고 전개되며 주목받고 있다. 도시를 이루는 다양한 유무형의 존재들은 나름의 상황에 따라 서로 어우러지며 도시가 그만의 색과 가능성을 만들어내도록 돕는다. 그 중 문화 예술은 개발논리에 밀려 사라진 역사를 되살리며 세심하게 도시를 가꿔가는데 중요한 역할을 하고 있다. 이른바 문화예술을 통한 도시재생의 가능성이 점차 확장되고 있다. 아직은 개념과 정책, 그

---

30) 2014년도에 스페이스 아도를 공간 거점으로 진행한 아도도시연구는 인천문화재단의 지원으로 실현되었다.
31) 정상희, 「도시는 역사다」, 아도크리에이션 편, 『예술 + 중구 도시 활성화 프로젝트 자료집』, 아도크리에이션, 2015.2, 4-6쪽.

리고 실현 등에 있어 명확하지 않은 부분이 더 많지만 말이다. 인천의 원도심은 이와 같은 문화와 예술을 통한 도시재생에 대한 논의의 한 가운데 있는 국내 주요 도시 중 하나이다.… (중략)

정상희(기획), 이홍규(사진, 기획), 구본아(회화), 김순임(조각, 설치), 김하림(조각, 설치), 노정하(사진). 오숙진(지리학, 회화), 이호진(회화)이 인천 중구에 위치한 스페이스 아도에 모였다. … (중략)

인천 중구는 지리적으로, 영종도에서 월미도와 개항장에 이르기까지 매우 광범위한 지역을 포함한다. 인천 중구가 지닌 역사적 특수성을 바탕으로 특정 지역에 대한 역사적, 문화적, 미학적, 지리적 연구를 바탕으로 한 예술 창작 및 기획이 실질적으로 지역을 이해하고 지역을 활성화시키는데 얼마나 영향을 줄 수 있을지에 대한 탐구와 실천을 목표로 본 프로젝트는 시작되었다.

인천과 시카고의 비교 연구를 통해 걷기의 모빌리티에 기반한 도시 연구 과정을 거친 뒤 본격적으로 시작된 본 프로젝트는 애초에 아도크리에이션을 결성했을 때 모토였던 '문화예술을 통한 아름다운 도시 만들기'라는 주요 방향을 가장 직접 반영한다. 〈예술 + 중구 도시활성화 프로젝트〉[사진 09]는 위의 자료집 서문에서도 확인할 수 있듯이, 인천 중구가 지닌 역사적 특수성을 바탕으로, 인천 중구라는 특정 지역에 대한 역사적, 문화적, 미학적, 지리적 리서치를 바탕으로 한 예술 창작 작업 및 기획이 실질적으로 지역 활성화에 얼마나 영향을 줄 수 있을지에 대한 탐구와 실천을 목표로 했다. 2014년 5월에 현장 탐방을 중심으로 한 연구를 시작하고 정기적으로 세미나를 진행하며, 11월부터 12월까지 세 차례에 걸친 2인전 또

사진 09. 2014년 아도도시연구 "예술+중구도시활성화프로젝트"
결과집 표지

는 개인전 형식으로 결과를 공유했다. 특정 장소를 거점으로 하여
지속적인 개인 작업과 공동의 모임 과정이 반복되는 레지던시 방식
으로 진행된 2014년도 프로젝트는 중구에 위치한 스페이스 아도를
거점으로 참여 예술가들과 중구 지역을 중심으로 걷기에 기반한 경
험과 함께 시작되었다.

5. 걷기의 모빌리티

1) 보행의 의미

도시 연구의 주요 개념에 대한 한 연구서에 따르면, 루이스 워스 (Lewis Wirth)는 도시를 인구의 규모, 밀도, 다양성이라는 세 가지 핵심 변수의 결합으로 정의하며, 세 변수의 강도와 도시성의 강도 가 비례한다고 보았다. 그는 도시가 길러내는 비인격적인 관계를 중시하며 도시를 설명하고 있다. 반면 루이스 멈포드(Lewis Mumford)는 도시가 인간의 행위를 상호적이고 사회적인 성격이 되 도록 촉진한다는 점을 강조했다. 그는 도시를 사회적 행위의 무대 라고 보며 밀도 높은 사회적 상호관계가 도시 이해에 있어 얼마나 중요한지 거듭 강조했다. 그 외에도 거리 문화의 역할과 걸을 수 있 는 도시의 중요성을 강력하게 주장했다.[32] 후자의 경우, 걸을 수 있는 도시에서 이뤄지는 상호관계가 도시 이해를 위해 무엇보다도 중요함을 강조하고 있음을 알 수 있다.

리베카 솔닛(Rebecca Solnit)은 그의 저서 『걷기의 인문학 (Wanderlust : A History of Walking)』에서 현상학자 후설을 보행을 자기 철학의 중심 주제로 삼은 철학자로 소개하며 보행의 의미에 대한 자신의 의견 을 피력한다. 후설의 1931년 논문 「살아있는 현재의 세계와 몸을 중심 으로 구성되는 주변 세계」는 보행을 중요한 경험, 곧 우리가 우리 몸을 세계와의 관계 속에서 이해하는데 필요한 경험으로 그리고 있다

---

32) 마크 고트디너·레슬리 버드, 『도시연구의 개념』, 남영호·채윤하 역, 라움, 2013, 21-24쪽.

고 설명한다. 움직이는 몸은 여기 '거기들'을 통로로 삼거나 목적지로 삼는 '여기'라는 지속성을 경험한다고 보았다. 이러한 논의에 따르면, 움직이는 것은 몸이고 변화하는 것은 세계라는 것이다. 그렇기에 여행은 세계의 유동성 속에서 자아의 연속성을 경험함으로써 세계와 자아를 이해하고 양자의 관계를 이해하는 한 방법일 수 있다는 것이다. 이렇듯 솔닛은 후설의 논의가 사람이 세계를 어떻게 경험하는가를 물으면서 감각과 지각 대신 보행을 강조한다는 점에서 이전의 경험 이론들과는 구분된다고 보았다.[33] 또한 존 어리는 각종 걷기는 일련의 육체적 기술을 수반하며, 그 각각은 각 개인을 둘러싸고 구성하는 세계에 존재하는 방법을 예지하는 다양한 전(前)인지적 방식에 의존한다고 보았다. 그는 걷기의 역사에서 보행자가 부랑자나 잠재적인 폭도와 같은 위험한 타자였던 적도 있었지만, 새로운 도시적 유형, 도시적 신화를 발생시킨 파리의 거리를 탐험하는 벤야민의 산책자의 시선과 같은 장소의 본질을 추구하며 장소를 소비하는 보행자의 변화에 대해 언급한다.[34]

　예술은 도시를 둘러싼 복합적인 요소들 안에서 모티브를 얻으며, 도시는 예술을 통해 새로운 의미를 부여받는다. 그리고 도시와 예술이 서로 엮이는 과정은 광범위한 모빌리티를 통해 이뤄진다. 인천을 중심으로 전개된 아도시연구를 설명하고 의의를 논할 수 있는 모빌리티는 예술가가 주체가 되어 직접 도시를 경험하는 과정에서 일어나는 걷기의 모빌리티에 기반을 둔다. 이 과정은 단순한 걷

33) 리베카 솔닛, 『걷기의 인문학』, 김정아 옮김, 반비, 2017, 53-54쪽.
34) 존 어리, 앞의 책, 131-143쪽.

기의 이동을 의미하지 않는다. 걷기의 모빌리티는 걷기의 과정을 통해 경험하는 사물, 정보, 이미지 등의 이동을 동반한다. 도시를 감각과 지각 대신 보행을 통해 경험함으로써 도시와 자아를 이해하고 양자의 관계를 이해하며 그 결과가 창작으로 이어질 수 있다고 보았다. 이러한 예술가의 직접적인 행위성의 측면에서의 모빌리티와 동시에 예술가는 도시를 경험하는 과정을 기록하는 방식으로서 또 다른 모빌리티를 동반한다. 동일한 도시가 예술가와 일반인들 사이에 같은 정도의 경험을 제공한다고 하더라도, 그 애초의 의도와 과정을 이해하고 자신만의 것으로 창조하는 과정을 통해 차이가 만들어진다.

2) 보행 문화와 예술가의 걷기

보행 문화와 예술가와 도시의 많은 요소 간의 상호교류가 지니는 의미를 견고히 하기 위해, 모빌리티 이론을 기반으로 이러한 개념과 과정과 결과를 살펴볼 필요가 있다. 어리에 따르면, 모빌리티는 이동할 능력, 이동하는 대상, 이동에 내재하는 사회적 위치성, 그리고 이동에 의한 지리적 변화를 의미한다. 모빌리티는 지리학의 이동 개념과 유사성을 찾을 수 있지만, 모빌리티 연구는 이동 거리와 이동하는 주체의 물리적 심리적 위치 변화 그리고 그 과정에서 일어나는 일련의 다양한 관계성에 더욱 많은 의미를 부여한다. 피터 애디는 모빌리티는 사람, 대상, 사물, 장소를 대하는 방식이며, 세계와 관계하며 교류하는 방식이며 그 과정을 거쳐 세계를 분석적으로 이해하는 방식이라고 보았다.[35] 모빌리티를 사회적이고 공간적인 사유의 가장 기본적인 방법의 하나로 본 것이다.

아도도시연구가 인천에 관한 연구를 중구를 거점으로 시작한 이유 중의 하나는 인천을 이해하기 위한 가장 첫 번째 요소로 '우리나라 최초의 것'이라는 수식어가 붙는 것들에 대한 인식에서 출발했다. 한 도시를 이해하기 위해 가장 첫 단계는 도시의 역사를 살펴보는 것이다. 인천을 이해하기 위해 한국 근대문화의 시발점으로 다뤄지는 인천의 개항사를 비롯한 인천에 대한 역사적 상황을 접하게 된다. 그리고 인천 중구를 경험하며 인천의 이러한 역사를 가장 쉽게 접하게 된다. 인천 중구의 근대역사의 현장 이미지는 지역에 익숙하지 않은 이들에게는 때로는 이국적인 경험까지도 선사한다.

역사 경관은 지역의 역사적 가치를 높일 뿐 아니라 지역 이미지의 개선을 위한 장소성 형성의 핵심적 대상이 된다. 상하이의 도심 재생이 근대역사경관의 노스탤지어를 이용한 맥락에서 역사, 문화, 자본과 결합하는 과정을 분석한 한지은은 역사경관의 노스탤지어를 소비하는 과정에서 도시들이 지방적 색채를 드러내기 위해 국가나 민족적 정체성이 아니라 세계적 언어를 사용하는 경향이 강화되고 있다고 보았다.[36] 구도심이라 불리는 오랜 도시의 역사경관과 관련하여 보존과 개발, 경제적 이익과 지역 정체성의 유지 사이에는 필연적인 갈등이 존재한다. 인천 중구 내의 곳곳에서도 이러한 갈등의 흔적들을 쉽게 찾아볼 수 있다. 여러 국가의 조계지였음을 다소 어색한 방식으로 때로는 싸구려 놀이 공간과 같은 이미지로

---

35) 피터 애디, 앞의 책, 6쪽.
36) 한지은, 『도시와 장소기억』, 서울대학교출판문화원, 2014.

표현하기도 하고, 역사적 사실에 대한 부정적 인식에 따라 무자비하게 흔적을 없애기도 하는 상황을 목격하게 된다. 주말에는 다소 북적였다가 평일이 되면 마치 영화 세트장과 같은 한적하면서도 어색한 분위기마저 감도는 지역을 이해하기 위해서는 여러 고민이 필요했다. 결국 연구의 거점으로서 인천의 중구를 보행의 방법으로 천천히 이해해 보기로 했다. 연구의 첫 해를 지나 이듬해부터 참여 예술가들은 중구에서 동구까지로 지역적 범위를 확장하였다. 그 이유 중 하나는 중구를 도보로 경험하는 과정에서 동구와의 경계가 모호한 지역 경계상의 위치에 따른 것이었다.

도시를 이해하기 위한 방법의 하나로 걷는 행위를 기반으로 도시 공간에 대해 직접적으로 사유하는 방법을 택했다. 보행자는 그저 획일적으로 단순하게 걷지 않는다. 보행자와 보행 공간에 따라 걷기의 행위는 그 각각의 의도, 시선의 방향, 과정을 수행하는 목적 등에 따라 다른 결과물을 보여준다. 우리는 일상 생활에서 다양한 목적으로 걷는 행위를 한다. 한가롭게 산책을 하기도 하며, 체력을 단련하기 위한 목적으로 열심히 앞만 보고 걷기도 한다. 또는 관광객이 되어 처음 보는 것들을 구경하느라 신기하게 하지만 다소 산만하게 낯선 거리를 걷기도 한다.

아도도시연구의 참여 예술가들은 도시를 걸어 다니며 자신만의 다양한 영역에 따라 각자 주목한다. 어떤 이는 인천의 크고 작은 골목 입구만을 경험하며 이미지를 수집하기도 하며, 또 어떤 이는 개항장 중심의 곳곳을 땅바닥에 시선을 고정한 채 걸어 다니면서 떨어져 있는 명함 크기의 다양한 홍보물과 전봇대와 벽에 겹겹이 붙어 있는 광고지에 주목한다. 다양한 바닥과 벽에 붙어 있는 광고지

들의 이미지를 통해 인천 고유의 이미지를 이해해 보려고 노력한
다. 또 다른 이는 인천의 경험 지역을 걸어 다니며 지역의 터줏대감
들과 오랜 시간 대화를 나누기도 하고, 여기저기 흩어져 버려져 있
는 돌들을 수집하기도 한다. 인천의 오랜 역사 안에서 살아남은 흔
적의 하나로서 인천 지역의 사람을 만나고 돌을 수집하는 것이다.
이처럼 예술가들은 인천을 경험하며 인천의 사람과, 사물과 정보와
소통을 한다.

　모빌리티 패러다임은 기존의 사회연구, 공간연구, 문화연구를 통
합하는 아이디어와 성찰을 제공한다고 모빌리티 학자들에 의해 다
뤄진다. 사회연구는 '주제'를 강조하면서 불균형, 권력, 계층을 설
명하는 경향이 있으며, 공간연구는 전적으로 '공간'에 집중하며 영
역, 경계, 스케일을 설명하는 경향이 있으며, 문화연구는 '의미'를
강조하면서 담론, 재현 및 인지를 설명하는 경향이 있다고 보았
다.[37] 바로 이러한 사회, 공간, 문화연구의 핵심 주제와 메타포를
동시에 고려할 수 있는 모빌리티 이론은 관계와 교차라는 맥락에서
사람, 사물, 정보에 대한 이동, 부동, 고정의 관계와 교차를 이해할
수 있는 하나의 통로라고 보았다. 즉, 모빌리티 패러다임을 통해 강
조할 수 있는 것은 이동을 함으로써 일어나는 이동 자체의 변화에
서 그치는 것이 아니라, 이동으로 인해 일어날 수 있는 관계의 형성
에 초점을 맞춘다는 것이다. 마치 도시를 경험하는 예술가의 이동
이 그 과정으로 인하여 일어날 수 있는 다양한 관계가 창작으로 이

---

37) Sherlter, M., *Mobility*, Sociopedia.isa, 2011, pp.1-12.
　　이용균, 앞의 논문 재인용, 150쪽.

어질 수 있듯 말이다.

3) 모빌리티의 실천과 도시의 이해

콜린 풀리(Colin G. Pooley)는 1840년대 이후 한 세기 동안 영국을 배경으로 도시에서 이동하는 사람들의 다양한 생활글을 활용해 그들이 교통의 새로운 기술 및 경험들에 어떻게 관계했는지를 살펴보며 모빌리티에 대한 연구를 했다.[38] 풀리는 도시 내 이동자들이 신속한 일상적 이동을 위해 다양한 새로운 교통 네크워크를 즐겼으며, 20세기 후반을 연상시키는 새로운 모빌리티의 특징들 중 다수가 이미 이 세기에 존재했음에 대해 얘기하고 있다. 그리고 동시에 걷기의 방식과 같은 전통적인 모빌리티 형태들 역시 중요한 역할을 하고 있었음에 대해 얘기한다. 새로운 교통 수단의 등장으로 속도를 경험하고 일상에 속도감이 더해지며 우리의 이동하는 방식이 변해왔다. 하지만 이른바 전통적인 이동 수단 중 도보 이동은 시간이 지나도 변하지 않은 유일한 일상적 이동 수단으로 보았다. 오늘날 우리가 걷는 방식과 속도는 기본적으로 수백 년 전과 같을 것이다. 부의 증대로 인해 건강, 영양, 신장이 개선되고, 따뜻하고 방수가 되는 의복과 신발이 생겼으므로 걷는 일이 더 쉬워졌으리라고 주장할 수도 있다.[39] 하지만 이러한 변화에도 20세기 내내 걷기의 비중

---

38) 콜린 풀리, 「도시 이동: 1840−1940년 생활글을 활용한 도시 이동의 개인적 경험에 대한 탐구」, 피터 메리만·린 피어스 편저, 『모빌리티와 인문학』, 김태희·김수철 ·이진형·박성수 옮김, 앨피, 2019, 300−330쪽.
39) 콜린 풀리, 앞의 책, 325쪽.

이 줄어든 것은 부정할 수 없다. 교통 수단의 발달로 인해 일반적인 목적에 의한 방법으로서의 이동 자체는 속도가 중요하게 다뤄짐에 따라 걷기 자체와 걷기를 통한 과정이 중요한 목적이 아닌 이상 그 비중은 줄어들 수 밖에 없을 것이다.

모빌리티는 사회학, 교통학, 인류학, 인문지리학 등과 같은 다양한 사회과학의 분과 학문들에서 활발하게 이뤄지며 이론들로 정립됐다. 그리고 동시에 이러한 연구들은 미술과 디자인, 고고학, 역사학, 퍼포먼스와 무용, 영화학, 문학 등과 같은 여러 인문학적 분야 내에서 다양한 논의로 확장되고 있다.[40] 이러한 확장된 논의는 모빌리티 연구를 사회과학의 산물로만 취급할 수 있는 단순한 설명 방식에 대한 도전이라고도 볼 수 있다. 존 어리가 사회적, 경제적 삶과 모빌리티의 연결이 모빌리티 연구의 핵심이라고 보았던 연구의 영역은 차츰 그 범위를 확장해 가고 있는 것이다.

풀리는 19세기 런던을 중심으로 한 영국을 배경으로 당시의 일상 생활의 모습을 담은 일기 네 편을 중심으로 분석하며 당시의 모빌리티를 이해했다. 그리고 결과적으로 새로운 모빌리티 패러다임에서 다루는 모빌리티 이론이 지금 완전히 새로운 것이 아닌 이미 예전부터 일상에서 쌓여온, 하지만 면밀히 바라보지 못했던 것들에 존재했음에 대해서 피력했다. 일상의 일기를 통해서 모빌리티 이론을 문학적 접근 방식으로 분석한 것과 같이 오늘날 모빌리티 이론은 크고 작은 일상의 분야별 사례들로 더 많은 분석이 가능함을 알 수 있다. 오늘날 21세기 인천을 중심으로 시각예술가들이 도

---

40) 앞의 책, 12쪽.

시를 도보의 방법으로 경험하는 과정이 다양한 예술 작품의 창작
으로 이어지는 분석 역시 모빌리티 이론의 한 연구 결과가 될 수
있을 것이다.

카타리나 만더샤이트(Katharina Manderscheid)는 이동은 공간적
으로 그리고 역사적으로 정의되는 사회문화적 맥락 속에서 일어난
다고 보았다.[41] 모빌리티와 인프라, 공간들은 일련의 상징들과 표
상들 그리고 담론들 속에서 구성되고 의미를 갖게 된다. 모빌리티
실천들의 집합적 의미는 시간, 공간, 사회 내에서 위치에 따라 다차
원적으로 변화한다고 보았다. 그에 따르면, 실천으로서 모빌리티는
그 사회적 의미와 뗄 수 없는 관계가 되며, 이는 모빌리티 실천과
선택들은 전의적이고 통합적인 문화적 담론들과 지식에 의해 생산
되고 모양지어지고 유포되며, 초주관적인(supra-subjective) 의미들
및 위계들과 융합된다는 것을 의미한다. 더불어 이동은 물질적 배
경이나 특정한 담론구성체들에 매개되어 일어날 뿐 아니라 특정한
사회적 맥락 속에 미시적 수준에서도 일어난다고 보았다.

네트워크화된 혹은 관계적인 모빌리티 행위성의 관점에서 볼 때,
이동의 실천들은 집단적 혹은 개인적으로 구성되는 공간적 관계와
사회적 연계 속의 특정한 사회적, 문화적, 물질적, 지리적 환경에서
나타난다는 것이다. 대부분 모빌리티 연구의 경험적 초점은 미시적
수준의 경험과 실천, 동기나 거시적 수준의 흐름과 이동, 그 기술적

---

41) 카타리나 만더샤이트(Katharina Manderscheid), 「모바일 주체의 실행 혹은 해
체? : 모빌리티 개념, 연구 디자인 방법의 연결」, 말렌 프로이덴달 페데르센·스벤
케설링 편저, 『사회적 실천과 모빌리티의 정치학, 도시 모빌리티 네트워크』, 정상
철 역, 앨피, 2020, 234쪽.

물질적 전제 조건, 과거의 발전, 정치경제, 잠정적 미래, 특정 형태의 담론 및 지식과의 연계에 있다고 볼 수 있다. 이와 같은 두 가지 모두 모빌리티 연구에 있어 중요한 가치가 있다. 그에 따르면 이동의 주관적 표현들에 초점을 둔 경우 인터뷰를 통해 만들어진 텍스트 자료들을 연구에 이용하게 되는데, 그 경우 개인의 의식적 추론의 역할을 과장할 위험으로 인한 연구의 오류 가능성을 경고하기도 한다.[42]

이와 같은 연구의 가치와 동시에 짐작할 수 있는 또 다른 난제가 있다. 그것은 모빌리티의 행위성을 맥락화하며 미시적 수준의 개인이나 집단의 경험을 어떻게 합리적으로 거시적 수준의 담론과 인프라, 사회질서와 연결하는 것이다. 아도시연구가 걷기의 이동을 기반으로 한 예술가의 도시 경험과 그 결과물이 어떻게 도시를 이해하는데 중요한 역할을 할 지에 대한 의의를 이론화하는 과정에서 한계점을 경험했다. 하지만 아도시연구는 이동의 행위성 중심의 프로젝트이지만 처음부터 의도적으로 모빌리티 이론을 기반으로 이뤄지지 않았다. 오히려 모빌리티 이론을 통해 아도시연구의 행위성 중심의 모빌리티가 이론적으로 배경을 얻을 수 있는 입장이다. 본 연구서의 집필 시도 자체가 미시적 수준의 개인이나 집단의 경험을 하나의 담론과 연결하고자 하는 시도라고 볼 수 있다.

---

42) 카타리나 만더샤이트, 앞의 책, 242쪽.

3장

장소 경험과 장소 특정적 예술 실천

1. 장소 특정적 미술의 계보

1) 장소 특정성 연구

'Site-Specific Art'라는 용어는 일반적으로 '장소 특정적 미술' 외에도 '장소 위주의 미술' 내지는 '장소 특수적 미술'이라는 용어로 번역되어 사용되곤 한다. 이러한 한글 용어는 작품이 놓인 장소에 작품 해석의 의미를 둔다는 점에서 모두 유사하다고 할 수 있다. 하지만 'site' 내에 특별한 의미를 부여하면서도 오직 장소만을 고려하는 것이 아니며, 그 주위를 둘러싼 여러 요소와 함께 이해되므로 '장소 특정적 미술'이라는 용어가 더욱 적합하다고 보인다. 케빈 멜치오네(Kevin Melchionne)에 따르면, 작품과 장소의 관계는 '장소에 대한 것이지만 장소에 의한 것은 아닌,' '장소에 의한 것이지만 장소에 대한 것은 아닌' 그리고 '장소에 의하며 또한 장소에 대한' 것으로 나눠 살펴 볼 수 있다. 첫 번째 것은 장소를 소재로 하는 풍경화와 같은 작품을, 두 번째 것은 미술관이나 갤러리의 벽이나 바닥을 의지하여 전시되는 오랜 전통적인 예술 시스템에 따른 대부분의 작

품을 의미한다. 그리고 세 번째 것이 장소 특정적 미술을 의미한
다.[1] 이와 같이 특정 장소에 대한 것이며 장소에 의한 것으로 장소
특정성을 정의 한다는 전제 하에, 아도도시연구는 예술을 매개로
한 인천에 대하면서도 인천에 의한 연구라고 정의할 수 있다.

　미술사적 배경하에서 장소 특정성(site-Specificity)은 일반적으로
특정한 장소에 위치하여 장소에 의해서 장소와 함께 그 의미가 형
성되는 작품의 특성을 의미한다. 장소 특정성은 1960년대 초부터
오늘날에 이르기까지 하나의 예술 양식이기보다는 성향으로써 폭
넓은 분야의 작품의 의미를 특징짓는데 사용되어 왔다. 하지만
1960년대와 70년대를 거쳐 90년대를 지나 21세기에 이르기까지
장소 특정적이라고 칭할 수 있는 모든 예술을 하나의 맥락 하에서
짚어 볼 수는 없다.

　미술의 측면에서 장소 특정성은 미술관과 같은 화이트 큐브 공간
의 한계에 대한 인식과 그 한계에서 벗어나고자 했던 배경에서 생
겨났다고 볼 수 있다. 미술관이라는 한정된 공간에서 벗어나 도시,
건축, 풍경 등을 배경으로 장소의 변화무쌍한 특정성에 주목했다.
미술에 있어서 장소성이란 미술을 미술이게 만드는 주요한 특징으
로 역할을 해왔다. 예술가의 생각과 결정에 따라 미술 작품이 일반
공산품과 같이 공장에서 만들어지며 예술가의 손길이 닿지 않은 채
미술관이나 갤러리에 놓인다. 전시장에 놓였을 때 공산품은 그 자
체로 예술 작품으로서의 이름과 가치를 얻게 된다. 그 배경에는 예

---

1) Kevin Melchionne, "Rethinking Site-Specificity: Some Critical and
Philosophical Problems", *Art Criticism* vol.12, no.2, 1997, p.43.

술이 예술이 되도록 만드는 전통적 개념의 장소성이 있다. 즉, 공산
품이 기존의 용도에 맞게 일상의 공간에 놓였을 때와 달리 미술관
이나 갤러리와 같은 장소에 놓였을 때 하나의 물건이 아닌 오브제
로서 예술품으로 인식된다. 이와 같은 예술 작품을 예술 작품으로
인식하게 만드는 전통적 장소성이라는 시스템에 대한 반향의 과정
안에서 장소 특정성을 다룰 수 있다.

　오늘날 장소 특정적(site-specific)이라는 용어는 광범위한 영역에
무분별하게 적용되면서 때에 따라 진부하고 의미 없는 것으로 평가
되기도 한다. 오늘날 전시나 공연을 비롯한 다양한 영역의 문화예
술의 제목이나 이를 설명하는 핵심 키워드로 장소 특정성을 사용하
는 경우는 상당히 폭넓게 확인할 수 있다. 때에 따라서는 전시나 공
연이 열리는 장소를 강조하기 위한 단순한 이유 조차로 장소 특정
성이라는 개념이 사용되기도 한다.

　장소 특정적 미술에 관한 연구는 20세기 말에서 21세기 초반 제임
스 마이어(James Meyer), 권미원(Kwon Miwon), 그리고 닉 케이(Nick
Kaye) 등에 의해 본격적으로 다뤄졌다고 볼 수 있다. 제임스 마이어
는, 『기능적 장소; 장소 특정성의 변형(The Functional Site;
Transformation of Site Specificity)』을 통해 장소 특정적 미술에 대한
자신의 견해를 피력하고 있다.[2] 그는 장소 특정적 미술의 장소를
과거의 즉자적(literal)인 것이 아니라 실질적인 기능을 가진 기능적
(functional)인 것으로 이해한다. 닉 케이는『장소 특정적 미술; 퍼포

---

2) 이 글은 1995년 우르술라 비에만(Ursula Biemann), 마크 디옹(Mark Dion), 크리스
　티안 필립 뮐러(Christian Philipp Müller)의 전시도록과 1996년에 『도큐먼트
　(Documents)』와 『스프링거(Springer)』를 통해 발표됐다.

먼스, 장소, 자료(Site-Specific Art Performance, Place and Documen-
tation)』를 통해 퍼포먼스라는 역사적 선례 안에서 '연극성'을 중심으
로 장소 특정적 미술을 논하고 있다. 권미원은 1998년 프린스턴 대
학교 박사논문인『장소 특정성과 공공 미술의 문제점들; 미술과 건
축의 교차점에서의 최근 변화(Site Specificity and the Problematics of
Public art: Recent Transformations at the Intersection of Art and
Architecture)』와 논문을 기반으로 쓴 「하나 뒤의 또 다른 장소; 장소
특정성에 대한 소고 (One Place After Another: Notes on Site Specificity)」
를 통해 장소 특정적 미술에 대해 논한다. 그는 오늘날의 장소와 장
소 특정성을 미술과 건축, 도시계획의 교차점이라는 관점에서 담론
적 성격을 중심으로 다룬다. 1990년대에 미술품과 예술가의 위치의
변화와 함께 과거의 장소 특정적 미술품이 재생산되고 옮겨지는 상
황과 관련해서 독창성(originality), 진정성(authenticity), 독특함
(uniqueness), 출처(authorship) 등에 관한 의문을 제기한다. 또한
1980년대에 발전된 케네스 프램튼(Kenneth Frampton)의 '비평적 지
방주의 이론'을 통해서 보편적인 세계 문명과 지방에 한정된 문화의
독특함 사이의 변증법적인 중재의 입장에서 장소 특정성을 고찰하고
있다.3)

---

3) Miwon Kwon, 「Site Specificity and the Problematics of Public Art: Recent
   Transformations at the Intersection of Art and Architecture」, Ph. D. diss.,
   Princeton University, 1998, p.11.; Miwon Kwon. "One Place After Another:
   Notes on Site Specificity", *Space Site Intervention: Situating Installation
   Art*, ed. Erika Suderburg., London: University of Minnesota Press, 2000,
   pp.38-39.; 본 박사논문과 소논문은 2002년 단행본인 『One Place After Another:
   Site-Specific Art and Locational Identity』로 출간되었고, 2013년에 한국어로
   번역되어 출간되었다.(1판 3쇄 2018년)

위의 장소 특정적 미술에 대한 기존 이론들을 토대로 장소의 특징은 크게 시대의 흐름에 따라 현상학적, 비평적, 유목적 유형으로 구분할 수 있다. 헬 포스터(Hal Foster)는 일찍이 주류 미술에 대한 대안으로 장소 특정적 미술을 제시하며, 장소 특정적 미술은 작품을 둘러싼 배경에 대한 우리의 견해를 무조건적으로 어지럽히지 않으며, 그러한 대안적인 공간은 일종의 규범처럼 와 닿는다고 보았다.[4] 즉, 그는 장소 특정적 작품이 공간 안의 관객들에게 특권을 부여함으로써 관객이 작품과 공간 자체가 휘두르는 권력에 휘말리지 않게 한다고 보았다.

이와 같은 장소 특정적 미술의 초기 특징은 1970년대의 이른바 미니멀 아트에서 확인할 수 있다. 미니멀 아트는 실제의 공간과 시간을 중시한다는 점에서 일반적으로 장소 특정적 미술의 기원으로 인식되어 왔다. 미니멀 아트의 장소는 물리적 요소에 근거하거나 그것에 의해 제안된다. 여기서 장소의 본질은 길이, 깊이, 높이, 벽과 방의 형태, 그리고 건물, 공원 등의 크기와 비례, 조명, 환기, 교통 패턴 등의 조건들과 지형학적 특성들과 같은 물리적 요소로서 구성된다. 모더니스트에게 있어 작품은 그 자체로서 자율적인 의미를 지니며, 자기 지시적이다. 그렇기 때문에 특정한 장소가 아닌 각기 상이한 장소에서도 동일한 가치를 지니며 옮겨질 수 있다.

시각 예술 뿐 아니라 연극이나 퍼포먼스의 장르도 장소 특정성을 다루는 중요한 예술의 영역 중 하나라는 사실은 부정할 수 없다. 시각예술과 연극 예술 사이의 관계는 초기 장소 특정적 미술을 설명

---

4) Hal Foster, 『Recoding』, Seattle: Bay Press, 1985, p.25.

해주는 핵심 개념이라고 볼 수도 있다. 장소 특정성이 하나의 담론
을 형성하는 과정에서 시각예술을 이해하고 분석하는 방식 자체에
연극성이라는 요소가 의미를 형성해주는 핵심 의미로 역할을 하기
도 한다. 또한 연극 퍼포먼스 자체의 예술적 특성을 장소 특정성이
라는 요소에 기대어 기획하고 이해하고 해석하는 경우는 이미 1960
년대부터 있었다. 연극 영역에서는 새로운 연극적 소통 방식을 탐
구하는 이른바 장소 특정적 연극이나 퍼포먼스에 주목한다. 이를
인문학적 배경으로 해체주의나 포스트모더니즘과 함께 20세기 후
반의 일상 생활의 철학이나 사회학과 연결지어 연극을 분석하기도
했다.[5] 여기서 장소특정적 연극-퍼포먼스는 일상생활의 실제 '장
소(site)', 현재진행형인 행위, 즉물적 표현수단을 생산 환경 및 수단
으로 삼아 예술가와 관객들 사이의 직접적이고 감각적인 쌍방향 소
통방식을 추구하는 특징을 강조한다.

　권미원은 장소 특정성을 하나의 미술 장르로 보기보다는 미술과
공간 정치학의 특유한 암호, 곧 문제적 아이디어로서 비판적으로
탐구했다. 그는 미술과 장소의 관계를 다시 규정하려는 최근의 여
러 노력에도 불구하고, 장소 특정적 미술에 대한 비판의 날이 무뎌
지고 압력 또한 소진되어 더는 생명력을 가지지 못하는 이유가 부
분적으로는 장소 특정성의 현존 모델 자체에 개념적 한계가 있기
때문이라는 인식에서 유래한 것이라고 보았다. 또한, 장소에 대한
오랜 세월에 걸친 다양한 담론하에 장소 특정성이라는 의미가 지니

---

5) 신현숙, 「장소특정적 연극-퍼포먼스 연구 - 한국의 공연작품들을 중심으로」, 『한
　국연극학』 제1권 제49호, 2013, 171-208쪽.

는 예술적 모델의 가치 또는 정치적 효력에 대해 논의할 수 있는 틀은 여전히 확정되지 않은 채로 남아 있다고 보았다.[6)]

장소 특정성은 이해하기 위한 접근 통로가 여럿이라고 볼 수 있다. 그 이유로 장소 특정성은 개념상 '장소'와 '특정성'이라는 단순한 의미로 그 의미를 한정 지을 수 있지만, 역사적으로 시대에 따라 보다 다양한 영역을 다루는 데 사용되어왔기 때문에 그 현존 모델 자체에 개념의 영역을 확정하는 것이 불가능해 보일 수 도 있을 것이다. 결국 장소 특정성을 단일 개념으로 설명하는 것은 불가능하다. 여러 정의들 중 어느 지점에 치우치냐에 따라 장소 특정성에 대한 담론의 방향이 달라질 수밖에 없다고 보인다. 미술의 영역에서만도 전시 자체의 측면, 작품을 제작하기 위해 장소의 역할의 측면, 또는 작품을 완성하기 위한 요소로서 장소와 관객의 입장 등 여러 지점에서 장소 특정성을 연결지어 해석할 수 있다.

1990년대의 장소 특정적 미술은 문화적으로 공공의 영역으로 좀 더 확장된다고 볼 수 있다. 이 시기의 장소 특정성은 장소에 대한 미술이면서 동시에 장소를 위한 미술로 부분적 정의를 내릴 수 있는 공공미술과 연관되어 다뤄지곤 한다. 오늘날 공공미술은 단순한 도시 공간에 미적요소의 개입으로 또는 지역의 공동체와의 협업이나 광범위한 대지미술을 비롯한 플래시몹과 같은 불특정 군중을 대상으로 한 퍼포먼스 등 다양한 영역으로 확장되어가고 있다. 이와 같은 공공미술의 영역이 확장된 배경에서 수잔 레이시(Suzanne Lacy)의 1990년대 이후 '새로운 장르 공공미술'의 개념을 찾아볼 수

6) 권미원, 『장소 특정적 미술』, 김인규·우정아·이영욱 옮김, 현실문화, 2018.

있다.[7] 이 용어는 1991년 11월, 샌프란시스코 현대미술관에서 같은 타이틀의 심포지엄에서 비롯되었다. 권미원을 비롯한 오늘날 장소 특정적 미술에 대해 다루는 이론가들에 의해 폭넓게 1990년대의 장소 특정성을 다룰 때 가장 일반적으로 다뤄진 용어 이기도 하다.

'새로운 장르 공공미술'은 참여 행위를 기본적인 개념으로 포함한다. 개념의 주요 특징은 미술 작품을 미적 오브제로 만드는 관행에서 벗어나 보다 비물질화시킴으로써 미술작품이 미술 시장에 속하는 것을 막기 위한 노력과 밀접하게 연관된다고 볼 수 있다. 또한 장소 특정적 미술의 초기 특징으로서 미술에 대한 의미 형성의 권한이 관객에게 전적으로 주어졌던 상황을 전복시키며 예술가의 역할을 회복하고자 한 의도를 포함한다. 그에 따르면 미술은 보는 방식의 반영일 뿐 아니라 가치의 진술이 된다.[8]

아도도시연구의 도시 관찰과 경험은 예술가의 역할에 많은 비중을 둔다. 서로 다른 예술관과 관찰과 경험이 창작으로 이어지는 서로 다른 과정을 갖고 있는 예술가들의 결과물이 그들이 보는 방식을 통한 특정 장소가 가치를 얻을 수 있는 진술이라고 볼 수 있다. 또한, 참여 예술가들은 자신들만의 보는 방식을 기준으로 삼지만, 많은 경우 지역민과의 직접적인 소통을 통해 보는 것들에 대한 관찰을 여러 방식으로 경험하고 기억한다. 장소가 작품의 기능을 이해하는 우선적 요인으로서의 역할이 강조되었던 초기 장소 특정적 미술과 달리, 장소의 역할이 역전되어 작품이 장소와 장소를 둘러

---

7) 수잔 레이시 편, 『새로운 장르 공공미술: 지형그리기』, 이영욱·김인규 역, 문화과학사, 2010.
8) 수잔 레이시 편, 앞의 책, 51-62쪽.

싼 배경을 이해하기 위한 기능으로 사용되었다고 볼 수 있다. 이러한 측면에서 아도시연구 예술가들이 참여하는 모든 과정과 결과는 현대미술의 범주 안에서 장소 특정적 미술의 개념으로 그 의미가 연결될 수 있을 것이다.

2) 장소 경험의 주체

모더니스트들의 입장에서 미술 전시는 순수한 미적 영역을 위한 재현의 장이며, 작품은 자율적이고 시간을 초월한 설치물이다. 또한, 작품은 이미 정해진 관객의 이상적 눈높이에 맞춰 전시 공간의 단조로운 색의 벽이나 받침 위에 고정된다. 이러한 전시는 작품을 둘러싼 특정한 시간과 배경에 구애받지 않는다. 장소 특정적 미술은 이와 같은 장소와 관객에 대한 인식 그리고 작품의 제작 및 전시 방법의 변화와 함께 시작되었다고 볼 수 있다. 그리고 이 과정에서 관객의 중요성이 함께 주목받았다. 관객과 환경에 대한 관심과 함께 장소 특정적 미술이 본격적으로 등장하고 인식된 것은 1960년대부터라고 볼 수 있다. 하지만 미술사적 견해에서 그러한 경향을 보여주는 전시와 작품은 그 이전에도 존재했다.

장소 특정적 미술은 탈맥락적이던 작품, 환경 그리고 관객의 관계에 대한 재인식과 더불어 등장했다고 볼 수 있다. 하지만 앞서 언급했듯이 오늘날 장소 특정성이라는 단어는 무척 광범위한 영역에서 사용되고 있으며, 1960년대와 70년대를 거쳐 오늘날에 이르기까지 '장소 특정적'이라고 칭할 수 있는 예술의 범위는 여러 갈래의 맥락에서 살펴볼 수 있다. 미술사적 영역 안에서 미니멀아트, 대지

미술, 개념미술, 과정미술, 퍼포먼스와 해프닝, 공공미술 등의 다양한 미술에 적용되는 장소 특정성이라는 용어는 공유할 수 있는 공통된 특징을 지니지만 동시에 서로 구분되는 특징과 의도가 함께 존재한다. '장소 특정적'이라는 용어는 장소를 둘러싼 담론에 따라 그 의미와 역할이 변해 왔는데, 그 담론이 변화하는 과정에는 일반적으로 '관객' 또는 '예술가'로 설명할 수 있는 경험의 주체라는 요소가 함께 했다. 즉 "장소 특정적"이라는 용어가 역사와 함께 변화하는 '장소'와 '경험의 주체'의 성격에 따라 또는 이 요소들을 둘러싼 담론과 함께 그 의미와 역할이 변화해 왔다는 것이다.

장소 특정적 미술의 전개는 작품 자체에서 작품이 만들어지는 또는 작품의 배경이 되는 환경으로 의미의 초점이 이동하는 과정과 함께한다. 장소 특정적 미술로 인해 시각예술은 오랜 역사 안에서 견고히 지녀왔던 물질성과 시간을 초월한 기준에서 벗어날 수 있다. 그리고 예술은 유한하고 역사와 현실을 나타냄과 동시에 장소에 행위의 과정들이 더해지고 다양한 장치를 통해 그 행위와 행위에서 비롯된 비물질적인 것들을 기록 보존함에 따라 그 역할 영역을 확장하고 있다.

3) 장소와 해프닝

미니멀 아트를 통해 본 장소 특정적 미술은 미술의 패러다임을 극적으로 반전시킨다. 그렇기에 미니멀 아트는 현대미술에 있어 모더니즘에서 포스트모더니즘으로 넘어가는 경계의 과도기적 미술로 해석되곤 한다. 미니멀 아트는 경험을 위한 일상의 공간으로 모더니즘의 이상적인 공간을 대체한다. 미니멀 아트를 장소 특정적 미술의 시작으로 보는 것은 여러 이론가에 의해 공감을 얻은 부분이지만, 장소 특정적 미술을 이해함에 있어 장소 뿐 아니라 관객의 참여의 입장을 고려함으로써 닉 케이와 줄리 레이스(Julie H. Reiss)는 보다 적극적인 관객의 참여를 유도했던 예술 작품 중 앨런 캐프로우(Allan Kaprow)로 대표할 수 있는 해프닝(Happening)에서 그 전조를 찾기도 한다. 캐프로우의 초기 작품 중 두 작품에 주목해 본다.

1961년 설치 해프닝 작품인 〈안뜰〉은 마사 잭슨 갤러리에서 열렸다. 이 작품은 타이어 더미로 가득 채운 안뜰의 울퉁불퉁한 공간을 관객들이 직접 걷거나 여러 행동을 하도록 유도한다. 그의 초기 퍼포먼스는 일상생활의 장소와 사건의 조합을 위해 관객의 경험에 '실제 공간'과 '실제 시간'이 개입되는 경향을 보여준다. 그의 이론과 방법론에서 공간은 행동을 위한 장소로 인식된다.

1962년에 발표된 〈단어〉는 관람자들이 직접 참여하게끔 설치 의도된 작품으로, 캐프로우의 작품 중 장소 특정적 성향을 가장 잘 보여준다고 평가된다. 또한 이 작품은 당시 뉴욕의 갤러리에서 열린 전시 중 가장 자유로운 작품이라고 평가되기도 했다. 그 이유는 이 작품이 그의 환경, 설치, 해프닝 중 가장 방대하고 직접적인 관객의 참여로 이루어졌기 때문이다. 〈단어〉에서 그는 전시 공간을 두 개로 구분하고 여러 단어를 종이에 써서 전시장의 바닥에서 천장에 이르기까지 여러 위치에 걸어 고정했다. 방안에는 사다리와 펜이 준비되어 있어서 높은 곳에도 올라가서 글을 쓸 수 있도록 했다. 그는 길거리의 광고 게시판, 신문, 도로와 골목 벽의 낙서들, 그리고 타임스퀘어의 노점 상인들의 목소리 그리고 자동판매기 뒤에서 우연히 들리는 대화들이 도시의 일상을 이룬다고 작품의 배경에 관해 설명한다. 이 작품의 관객과 함께 하는 상황은 도시에서의 일상의 행위들이라고 보았다.[9] 그의 〈단어〉는 결과적으로 뉴욕이라는 도시에 대한 그의 경험의 흔적이고 그 경험은 전시에 참여하는 관객의 경험과 더해짐으로서 완성되는 것이다.

　벤야민이 도시를 이해하는 방식 중 현상학적 독해 역시 관상학적 독해와 같이 도시를 체험하고 흔적을 찾고 읽어내는 과정을 통해 이뤄졌다. 도시는 다양한 변형의 장소이며, 더 나아가 도시에 대한 경험이 서로 연결된 수많은 경향으로 다양하게 변형되는 장소라고 볼 수 있다. 이는 현대미술에 있어 초기의 경험에 의해 완성되는 장소 특정적 미술의 현상학적 입장과 연관지어 해석할 수 있는 여지를 만들어 준다. 앞서 언급한 존 듀이의 '경험'의 개념으로 이해할 수 있는 환경, 설치, 해프닝과 더불어 메를로 퐁티의 '지각의 현상학'에 근거한 일종의 '연극적'이고 '타동사'적인 장소와 관객의 관계 또는 장소와 예술가의 관계는 장소 특정적 미술의 초기 배경을 형성한다. 장소 특정적 미술은 1960년대부터 오늘날까지 여러 번의 패러다임의 변화를 겪었다. 많은 변화 안에서도 장소 특정적 미술은 항상 어떠한 장소이든 그 자체에 의미를 부여함과 동시에 무엇보다도 장소의 실현을 위해 관객이던 예술가 자신이던 현존을 고려한다. 현대 미술에서 예술을 둘러싼 담론을 형성하며 다루는 현상

---

9) Allan Kaprow, "About 'Words'", in Words (exibition catalogue), New York: Smolin Gallery, 1962.; Pamela A. Lehnert, An American Happening: Allan Kaprow and a Theory of P rocess Art, Ph. D. diss., The University of North Carolina at Chapel Hill, 1989, pp.223-224에서 재인용.

사진 10. ADO ⟨Cross-Recording Incheon⟩ 설치 장면

학적 개념은 오직 하나의 위치에서만 의미가 발생한다는 입장에 대한 부정과 사물을 모든 시점에서 재구성할 수 있는 가능성의 제시에 있어 중요한 역할을 했다. 여기서 사물을 보는 시점과 경험을 지각하는 주체는 몸에 의한 것인데, 장소 특정적 미술의 영역에서 경험 주체로서의 몸이 관객의 몸에서 예술가의 몸으로 그 비중이 전개되어왔다고 볼 수 있다.

아도도시연구의 2015년도 프로젝트는 인천의 중구와 동구에 대한 연구를 기반으로 한다. 반년이 넘는 기간 동안 개인별 또는 두세 명으로 구성된 팀으로 지역을 경험하였고 그 결과의 일부로 기획 전시가 역시 스페이스 아도에서 열렸다. 그 중 아도도시연구의 기획을 이끌어 간 본 연구자와 이홍규 두 명은 'ADO'라는 임시 팀명으로 전시《도시는 역사다 : 인천 원도심 감각적 아카이빙》(사진 12)에 직접 참여했다.

사진 11. ADO 〈Cross-Recording Incheon〉에 사용된 이미지

전시를 통해 발표한 〈Cross-Recording Incheon〉은 위의 앨런 캐프
로우의 장소 특정적 접근과 유사한 점을 공유한다.[사진 10]

ADO는 인천의 중구와 동구를 중심으로 정해진 기간 동안 지역을
걷기의 모빌리티를 주된 방식으로 취하며 이미지와 텍스트로 기록
한다. 이미지와 텍스트는 동시다발적으로 생성되며, 서로의 시간과
공간적 연결점에 따라 차후에도 한정된 사고를 유발한다. 도시에
대한 감각적 아카이빙의 과정에서 하나의 장소 또는 공간에 대한
이미지와 텍스트로 만들 수 있는 제한된 이야기의 확장을 시도했
다. 경험 과정에서 생성된 이미지와 텍스트의 일부는 무작위로 배
치된다. 하나의 이미지가 또 다른 텍스트와 합쳐지며 확장된 차원
의 이야기를 이끌어 낼 수 있는 과정에 관객의 참여를 유도한다. 전
시 기간 동안 전시에 참여한 작가들과 관객은 각 이미지의 하단 부

사진 12. 《도시는 역사다: 인천 원도심 감각적 아카이빙》 전 (2015년 12월 30일~2016년 2월 13일) 엽서

분에 본인의 경험에 기반한 텍스트를 이어 적으며 이야기를 엮어간다. 하나의 단어 또는 짧고 긴 문장으로 작품을 완성해간다. 이 작품을 위해 사용된 이미지는 인천을 경험하고 알고 있는 이라면 쉽게 알 수도 있는 장소의 파편 이미지들이다.[사진 11]

이 작품은 작품을 경험하는 관객들의 지역에 대한 기능기억과 저장기억이 파편화된 이미지들을 어떻게 인식할지에 대한 실험이라고 볼 수 있다. 이러한 작품의 제작과 진행의 과정과 결과는 즉각적인 지역에 대한 구체적인 이해와 해석을 내놓지는 못한다. 하지만 단 몇십 명의 관객의 참여라라 할지라도 지역에 대한 또 다른 방식의 경험을 통해 지역의 정체성을 구축해가는데 중요한 걸음이라고 평가할 수 있다.

캐프로우는 관객의 참여와 참여를 통한 경험의 과정을 중시하는

입장에서 하나의 완성된 작품보다는 예술적인 행동, 과정, 작용을 강조했다. 줄리 레이스는 이와 같이 과정을 중요시하는 경향에 대해 논하면서 캐프로우의 작품은 특히 존 듀이의 과정 철학을 반영한 것으로 보았다.[10] 레이스는 일상과 예술을 하나로 보고, 관객의 능동적이고 분명한 참여를 유도하였던 캐프로우의 작품을 설치 미술의 시작으로 보고 있기도 한다. 캐프로우의 〈안뜰〉은 동시대를 상징하는 산업화의 문화적 흔적으로서 물질적이고 신체적인 현존을 통해 시대를 표현하고 있다. 캐프로우를 장소 특정적 미술과 관련하여 살펴 볼 수 있는 근거는 최근의 장소 특정적 미술과의 연관성 뿐만 아니라 그의 장소와 관객에 대한 인식에 있다고 볼 수 있는 것이다.

4) 일상과 경험으로서의 미학

오늘날 장소 특정적 미술에 대한 담론을 다룰 때 어김없이 등장하는 존 듀이(John Dewey)의 '경험으로서의 미학'은 일상적인 삶의 과정과 미적 경험의 연속성 안에서 중요한 의미를 지닌다. 삶이 환경 안에서 진행되고, 또한 경험은 인간들이 그들의 환경과 상호작용을 하는 자연의 통로이고, 따라서 삶은 단순히 환경 안에서 발생하는 것이 아니라 환경과의 상호작용을 통해 발생한다고 보았다.[11] 그가 주장하는 경험은 살아있는 것 혹은 실제로 조우하는 것이다. 이에 상반하는 기존의 경험은 고도로 추상적이고 인위적인 설명이

---

10) Julie H. Reiss, From Margin to Center: The Spaces of Installation Art, Ph. D. diss., The City University of New York, 1996, pp.46~47.

11) 존 듀이, 『경험으로서 예술 I』, 『경험으로서 예술 II』, 박철홍 역, 나남, 2016.

과거로부터 축적된 실제 사실의 복합성에 의해 강요된 것이다.[12]

즉 경험의 측면에서 봤을 때 도시 자체를 하나의 예술작품으로 인식하고 예술가들이 도시에 대한 직접적인 경험에 기반한 상호작용을 얻게 되며, 그 상호작용의 결과로 예술가의 작품이 만들어진다. 그리고 예술가의 작품에 대한 관객의 직접적인 상호작용을 통해 도시에 대한 예술가의 경험이 관객이 새로운 시선으로 도시를 경험할 수 있도록 계기를 제공하는 순환구조가 형성된다. 이와 같은 장소 특정적 예술 작업은 시간과 지형학적 환경과 그에 참여하는 관객이나 예술가 자신을 비롯한 다양한 환경에 영향을 받기 때문에 대부분 프로젝트의 시작부터 끝까지 완벽히 설계된 계획에 따라 실행할 수 없는 경우가 대부분이라고 볼 수 있다.

1960년대 이후 오늘날까지 장소 특정성이라는 범주 안에서 예술의 다양한 의도와 실천이 있었으며, 그 가치와 의미를 상정하는 지점에 따라 새로운 해석의 영역을 만들어왔다. 이는 작품, 장소, 해석의 의미라는 단어를 장소 특정성의 의미를 정의하는 문장의 어느 위치를 어디에 두느냐에 따라 전혀 다른 범위의 예술의 방향성을 보여준다. 앞서 살펴본 장소 특정적 미술의 초기 특징과 함께, 본 연구는 작품이 놓인 장소에 작품 해석의 의미를 두는 경우의 방향성보다는 작품을 만들기 위해 축적되는 장소에 대한 경험을 통해 그 장소와 작품에 대한 해석이 새롭게 만들어지는 방향성을 택했다. 장소와 경험이라는 요소를 기반으로 관찰, 참여, 개입의 과정을 거쳐 도시와 그 안의 다양한 요소들과 소통하는 예술적 결과물이

---

12) R. J. 번스타인, 『존 듀이 철학 입문』, 정순복 역, 예전사, 1995, 72-82쪽.

장소의 로컬리티의 새로운 단면을 드러낼 수 있을 것이다. 이는 특정한 장소의 경험을 통해 특정한 장소에 대한 예술가의 주관적이면서도 객관적인 관찰이 예술의 모티브가 되어 그 장소의 로컬리티를 드러낼 수 있는 과정에 대한 이론적 근거의 일부가 될 것이다.

일상의 경험으로서 장소에 대한 경험은 본 연구자의 지난 7년간 인천과 더 나아가 아시아 항구도시를 거점으로 한 현장 경험을 중심으로 전개해 온 연구의 기본 방식이 되어왔다. 그중에서도 개항장 도시 인천에 대한 장소 경험이 예술가 개인 또는 그룹의 경험이 어떤 방식으로 전개되며, 그리고 그 경험이 작품 안에서 어떻게 드러나는지 관찰하며, 예술가의 서로 다른 시선을 통해 지역을 더욱 폭넓게 이해해왔다. 이 과정들은 일상의 경험을 토대로 한 예술이 미술사적으로 장소 특정성의 범주와 한 도시의 로컬리티를 이해하는데 수행할 수 있는 역할을 가늠할 수 있는 현장 기록이 될 것이다.

2. 기록과 기억

1) 보이는 것과 보이지 않는 것의 기록

스벤 스피커(Sven Spieker)는 20세기 말의 예술과 예술비평에서 아카이브가 활동의 엄청난 다양성에 대한 선택을 표현하는 수사가 되었다고 보았다.[13] 아도도시연구에서 아카이브는 매우 중요한 방

---

13) 스벤 스피커, 『빅 아카이브』, 이재영 역, 홍디자인, 2013, 21쪽.

법이자 표현 방법의 하나이다. 참여 예술가들은 인천을 경험하는 과정에서 대부분 자신만의 아카이빙을 구축한다. 지리적 범위 외에 경험에 대한 제한 조건은 어떠한 것도 주어지지 않았다. 예술가는 자신의 작품과 자신의 미적 기준 등의 주관적 입장에 따라 자신만의 시선으로 지역을 보게 된다. 예술가에 따라 인천 중구의 곧 쓰러질 듯 낡은 건축물의 외형에 관심을 가지거나, 길거리에 굴러다니는 돌이나 폐품들을 수집하기도 한다. 지역만의 것을 찾아내는 과정은 걷는 과정과 동시에 일어나는 여러 방법의 시각 저장이나 물건을 수집하거나 사람을 만나 이야기를 하는 등 다양하다. 예술가는 일반 시민이 거리를 다양한 목적에서 돌아다니듯 한 장소에서 이어지는 또 다른 장소로 지속적으로 옮겨 다닌다. 하지만 예술가의 경험은 보이는 것과 보이지 않는 것을 경험하고자 하는 예술가 각자 만의 궁극적 목적이 전제가 된다. 장소 자체를 경험하는 것은 단순한 관광과 처음의 시작은 유사함을 공유한다. 하지만 예술가들은 지역에 담겨있는 고유한 것들을 찾아내는 과정을 시작으로 그것들은 예술가들의 손에 들리거나 머리 속에 담기거나 결국은 또 다른 방식의 예술작품으로 드러난다. 있는 그대로의 날 것이 아닌 예술가의 시선을 거쳐 새롭게 창작 되어진 것이다.

　미술의 구성 안에는 분명히 보이는 것과 쉽게 보이지 않는 것에 대한 복합적인 담론이 존재한다. 단순한 정물화도 그 안에 일상의 모습을 반영하는 일차원적인 의미를 넘어선 상징과 같은 다른 차원의 무언가를 내포하고 있듯이 말이다. 보이는 것을 통해 보이지 않는 것을 설명하고 그것을 통해 또 다른 차원의 인식으로 의미가 확장된다. W.J.T.미첼(W.J.T. Mitchell)은 이미지는 이미지 자체에서 끝나지 않고 한 가지 이상의 의미에서 중요하다고 보았다. 이미지는 차이를 만들고, 중요한 또 다른 의미를 반영하고 보이는 것 외의 것을 인식하도록 돕는다는 것이다. 또한 그 자체로 평면의 캔버스이든, 돌덩이든, 금속이든, 또는 영상이든 이미지는 늘 물질대상 안에서 육화된다고 보았다. 즉 살아있는 육체와 그 기억, 환상, 그리고 경험이라는 미로 속에서 육화된다는 것이다.14) 또한 이미지는 비물질적 것이 물질적 매체에서 나타난 것이라고 보았다. 이 때문에 건축의 이미지, 조각의 이미지, 영화 이미지, 텍스트의 이미지, 심지어 정신적 이미지에 대해서 이야기하면서도, 사물 속에 혹은 겉에 있는 이미지가 그 사물의 전부가 아님을 알고 있어야 한다는 것이다.15)

즉, 도시에 대한 기억이든, 경험이든, 상상이든, 또 도시를 경험하는 과정에서 획득한 무언가에 대한 사실이든 간에 이와 같은 비물질적인 것이 이미지와 같은 물질적 매체로 나타난 것을 예술로 이해할 수 있을 것이다. 보이지 않는 것들이 다양한 형식과 과정을 통해 물질과 비물질 사이를 오가게 된다. 하지만 도시를 경험하는 시작 지점은 물질적인 것으로 부터이다. 이는 미술 자체가 물질과 비물질 사이에서 미술이 미술로 존재하는 조건에 대한 근원적인 질문의 하나를 이끌어 온 배경이 되기도 한다.

2014년 아도도시연구 참여작가인 김순임과 구본아의 돌멩이와 폐허는 이와 같은 배경에서 분석할 수 있다. 김순임은 국내를 포함

---

14) W.J.T.미첼, 『그림은 무엇을 원하는가』, 김전유경 옮김, 그린비, 2012, 160쪽.
15) 앞의 책, 129쪽.

위에서부터,
사진 13. 김순임 〈나는 돌 : The Space65 - Incheon〉 2014, 가변설치
사진 14. 김순임·구본아 2인전 《곳과 돌》 전시 전경
사진 15. 김순임 〈나는 돌 : The Space65 - Incheon〉 2014, 가변설치

사진 16. 김순임·구본아 2인전《곳과 돌》전시 전경
사진 17. 구본아 〈곳01〉 한지 콜라주 위에 먹과 채색, 2014

한 세계의 여러 도시를 무대로 다양한 장소와 공간을 경험하며 그 일부 요소들을 직접 활용하는 현장 기반 작업을 하는 예술가이다. 오랜 세월 인천에서 살아왔지만, 스스로가 표현하듯 인천에 대한 직접적인 경험은 이른바 오랜 세월 무의식적으로 쌓여온 지역에 대한 저장기억이 대부분이었다. 아도도시연구에 함께 참여하며 집중적으로 인천을 경험하였다. 그리고 그 과정에서 도시의 구석들을

이름 없이 가치 없이 굴러다니던 돌을 주웠다.[사진 13-15] 김순임은
그 돌이 작고, 상처받고, 깨지고, 한 곳에 머무르지 못하고 계속해
서 이주하는 자신과 같은 존재라고 보았다.

　김순임은 지역 자체와 그 안에 포함된 사람의 이야기에 항상 귀
를 기울인다. 지역을 다양한 방식으로 경험하며 오랜 세월과 함께
쌓여 있는 그곳만의 것을 찾기 위해 관찰하고 마침내 발견하고 그
발견을 기반으로 작업을 해간다. 그의 작업은 많은 경우 자연이 인
위적이지 않게 특유의 정체성을 드러낼 수 있는 지점에서 전개된
다. 경험을 통해 발견한 이야기와 현상들 그리고 그곳만의 자연과
환경에서 소재를 선택하고 그에 따라 작업의 표현방식을 결정한다.
그는 하나의 돌멩이지만 그 안에는 보이지 않는 무한한 과거의 흔
적이 쌓여 있음을 인식한다.

　김순임이 인천의 돌에 기록과 기억의 초점을 맞추었다면, 구본아
는 오랜 역사의 흔적이 쌓여 있는 인천 구도심에서 볼 수 있는 오래
되고 낡은 장소의 이미지에 주목했다. 다음은 구본아 작가의 작품
에 대한 기록 일부이다.[사진 16-17]

　　작업에 나타난 무너진 벽, 건물의 잔해들은 새로 지은 콘크리트
건물이 아닌 모서리들이 떨어져 나가고, 비와 눈 등 자연의 현상들
로 인해 얼룩들로 무늬진 시간성을 느끼게 해주는 낡은 사물들이다.
　　인천의 근대건축물들에 남겨진 돌, 무너진 벽, 말라버린 식물체,
나비 등이 암시하는 난제들은 이미 약간의 시간들이 흘러간 이후의
것으로, 지나간 삶의 문제들과 현재의 자신과의 시간적 거리의식이
이미 건조물 본래의 기능과 현실 인식을 상실케하고 관조할 수 있는
미적 대상으로 치환케 한다.

이는 자연과 건축물이라는 문명이라는 전통적인 대립개념을 화해시키려는 시도이다. 인천의 그 '곳'에서 본 벽자체도 인간의 손으로 만들어진 형상으로 결국에는 자연의 산물인 듯 느껴지는 점이 있으며 말라버린 나비가 풍기는 이미지 역시 묘한 향수를 불러 일으킨다. 이를 통해 인간과 삶, 자연과 도시공간과의 긴장관계가 허물어지는 것을 표현하려 했으며 이러한 의미에서 폐허가 되가는 낡은 건조물은 자연화되어 갈 수 있는 것이다.[16]

구본아는 폐허의 이미지에서 출발한 잔해 풍경을 모티브로 다양한 작업을 펼쳐왔다. 오랜 세월의 흔적을 담고 있는 폐허의 이미지는 온전히 폐허의 낡은 색만을 포함하지 않는다. 그가 본 폐허의 풍경은 단순히 오래되어 낡은 것에 대한 표현이라기 보다는, 세계의 많은 유적지들이 그러하듯, 폐허가 담고 있는 과거의 역사를 담고 있다고 볼 수 있다. 아도도시연구를 통해 발표한 작품에서의 폐허는 그가 경험한 인천의 보이지 않는 역사를 담고 있는 낡은 건축물들에 대한 시간성의 표현이라고 볼 수 있다.

인천을 경험하며 그 안에서 예술의 모티브를 찾는 예술가들은 저마다의 또 다른 시선으로 장소와 공간들을 경험한다. 오랜 역사의 흔적을 담고 있는 건축물을 바라 보는 예술가의 시선과 그 시선이 투영되는 평면 작품은 현실의 있는 그대로의 이미지가 아닌 건축물에서 마주하고 오랜 역사와 문명을 비물질적인 예술가의 경험을 붓

---

16) 2014년도 아도도시연구 세미나와 리서치 결과로 진행한 3차례 진행한 전시 중 김순임과 구본아의 2인전인 《곳과 돌》은 2014년 12월 26일부터 2015년 1월 10일까지 스페이스아도에서 개최되었다. 본 글은 2인전 전시 설명글 중 구본아 작가 글의 일부이다.

으로 물질화하고 있는 것이다. 그렇게 만들어진 평면의 이미지는 그 장소와 공간을 스쳐 지나갔을 수많은 흔적과 기억과 경험을 보여주고 있다.

인천뿐 아니라 많은 특정 지역을 대상으로 하여 사진을 기반자료로 사용하거나 현장에서의 사생을 기반으로 이른바 풍경화의 영역에 포함될 수 있는 평면화를 그리는 예술가들은 수없이 많다. 예술가 자신만의 방식과 취향에 따라 다양한 재료를 사용해 사진을 보고 그리거나 현장에서 실제 풍경을 보고 그리는 작품 자체도 그 작품만의 가치를 분명히 가지고 있다. 하지만 아도도시연구의 일원으로 함께 한 예술가들의 참여 기준에 있어서 도시를 경험하고 그 경험을 예술화하는 과정에서 사생화나 공공조각 등과 같은 오랜 아카데믹한 전통 하에서 볼 수 있는 예술의 영역은 가능한 배제하고자 했다. 그 이유는 이 예술 영역들이 도시를 경험하고 예술화하는 과정에서 드러나는 예술성의 부족 등과 같은 얕은 기준에 따른 것은 아니었다. 최대한 도시를 새로운 방식으로, 즉 예술가만의 방식으로 재해석할 수 있는 작품을 통해 도시가 지닌 또 다른 이미지를 예술을 통해 확인하고자 했기 때문이었다.

2) 도시 아카이브

예술작품을 기록하고 수집하고 보존하는 예술아카이브는 예술사를 구축하기 위한 기초 자료이다. 예술에 대한 문서 자료를 수집하고 보관하며 작업 자체 외에도 관련된 기록들을 구술을 포함한 다양한 방식으로 기록되어 오고 있다. 하지만 예술 작품 자체에 대한 아카이브가 아닌, 일반적으로 현대미술에서 다뤄지는 아카이브, 아카이빙 또는 아카이브 아트라 사용되는 단어는 예술 작업을 구현하는 하나의 방식을 의미한다고 볼 수 있다. 즉 창작 활동의 일부로 수집과 조사 연구의 방법을 통해 특정 주제에 대한 아카이브 자체를 창작의 과정이자 대상으로 간주하는 것을 의미한다. 동시대 예술가들이 창작을 위한 기록의 과정으로서 아카이브는 주관적인 경험과 기준에 따라 구축된다. 현대 미술에서 아카이브 과정을 통해 구축된 자료가 예술작품으로 다뤄질 때, 수집된 그대로 공유하기도 하지만, 자료 수집 과정에서 발견된 배경이나 조건 등을 새롭게 재구축해 관람자가 직접 주관적으로 다시 해석하여 의미를 부여할 수 있도록 하기도 한다. 즉, 예술가는 재구성된 아카이브를 통해 아카이브의 주제가 되었던 대상에 대한 유연한 해석의 가능성을 확장하곤 한다.

도시의 다양한 흔적에 대한 아카이브는 아도도시연구의 기획에 있어 가장 중요하게 다루는 부분이다. 지금까지 여러 해에 걸쳐 프로젝트에 참여한 예술가들이 수집한 유무형의 도시에 대한 흔적을 기록한 자료들은 여러 방식으로 아카이브되고 있다. 본 글도 아카이브의 일부가 될 수 있을 것이다. 도시를 일상 생활을 영위하는데 그치는 단순한 공간이 아니라, 문화적 기억과 흔적이 고스란히 축적되어 있는 일종의 아카이브 공간이라는 볼 수 있다. 발터 벤야만의 도시 읽기와 기록방법에 기반한 도시 아카이브와 관련된 한 연구는 아카이브 사례조사와 그에 대한 분석을 통해 도시 이해를 위한 도시 아카이브의 중요성에 대해 강조한다. 해당 연구에서는 미국 시애틀의 도시 아카이브와 중국 상해의 일본 조계지를 대상으로 여러 자료를 아카이브하고 있는 현황을 공유한다. 두 도시 아카이브에서 축적되어 있는 도시에 대한 흔적은 유서 깊고 동시대적인 간판이나 표지, 개인 마당에 설치된 장식품이나 예술작품, 오래된 광고 이미지와 건물 외부 벽화, 채색된 창문과 창문 장식 등에 이르기까지 다양하다. 도시에서 볼 수 있는 크고 작은 흔적들을 아카이브하고 데이터베이스를 구축하고, 그렇게 모인 자료를 기반으로 다양한 도시 공간에 대한 다의적 콘텐츠를 만들 수 있는 가능성에 대해 제시하고 있다.[17]

이와 같이 현재진행형인 도서관적 기록 관리 차원에서의 도시 아카이브의 체계적인 구축 과정을 공유하고 벤야민의 도시연구에 대한 방식을 빌어 그 의미를 분석한다. 그리고 그 과정을 통해 중요하게 도출할 수 있는 시사점에 대해 세 가지로 정리한다. 우선, 도시의 전체적인 경관이나 주요 건축물 등에 대한 기록도 중요하지만, 도시민들에게 친숙한 이미지나 장소의 기록이 무엇보다도 중요하다는 점이다. 그리고 소장 자료의 수집과 활용에 있어 단순히 기록으로만 남겨두는 것이 아니라, 구축된 아카이브를 토대로 활용 가능성 확장의 중요성을 강조한다. 마지막으로, 도시에 대한 다방면의 자료 수집과 활용을 위해 물적, 인적 자원을 기반으로 보다 체계적인 아카이브 구축 네트워크를 형성해야 함을 시사하고 있다.

아도도시연구는 인천을 연구하는 과정에서 도시의 일상 아카이브 구축의 중요성을 강조해왔다. 일상의 다분히 하찮아 보일 수 있는

---

17) 여진원, 「도시아카이브 방향과 파사주프로젝트 적용에 관한 연구 - 발터 벤야민의 사상을 중심으로」, 『한국도서관 정보학회지』 제44권 제2호, 2013.

것이나 자질구레하게 보일 수 있는 것조차도, 그리고 산발적이고 파편적이라 할지라도 수집, 조합, 연상, 응용의 방식에 따라 새로운 의미를 생성할 수 있기 때문이다. 김순임의 돌멩이와 구본아의 폐허의 아카이브가 예술가만의 재조합 과정을 거쳐 예술로 드러날 때 관객은 내가 사는 도시의 일부인 돌멩이와 폐허를 포함한 도시의 장소성에 대한 또 다른 해석의 가능성을 경험하게 되는 것이다.

3) 기능 기억과 저장 기억

알라디아 아스만(Aleida Assmann)은 기억의 두 유형으로 기능기억과 저장기억에 대해 논한다. 기능기억의 모델은 선별되고 해석되고 적용된, 간단히 말하자면 스토리의 형식으로 꾸며진 요소들과 잡다한 요소들이 모인 불투명한 집체 사이에 이동 가능하기 때문에 생산적인 경계를 만든다. 즉 기능 기억은 선택적이라고 본다. 반면 저장 기억은 무정형의 덩어리로, 사용되지 않고 정돈되지 않은 기억의 마당이라고 보았다. 이 기억이 기능기억을 둘러싸고 있으며, 스토리나 의미 구성에 잘 맞지 않는 것이라는 이유로 단순히 잊히지는 않는다. 그 때문에 부분적으로는 의식되지 않은, 부분적으로는 무의식적인 이 기억은 기능 기억에 대한 대립이 아니라 오히려 기능기억의 배경을 만든다는 것이다. 활성화된 요소와 그렇지 않은 요소들 사이에서 내적으로 교류하는 기억의 심층구조는 의식구조 내에서의 변화와 혁신을 주도하는 조건이라고 보았다.

또한 그는 집단적 영역에서 저장기억은 불필요하고 시대착오적이며 추상적으로 정체성을 규정하는 지식일 수 있고 쓰여지지 않은 기회의 다양한 목록이라고 보았다. 반면 기능기억은 선택하고 연관성에 기반하며 의미를 구성하는 데에 적용되는 기억이라고 보았다.[18] 아스만의 기능 기억과 저장 기억은 각각 앞선 언급했던 개인 기억과 집단기억과 연결지어 다룰 수 있을 것이다. 정확하게 이분법적으로 기능 기억을 개인 기억으로, 저장 기억을 집단기억으로 동일시하며 해석하고 적용하는 데는 다소 무리가 있는 부분이 있다. 하지만, 무엇보다도 저장 기억이 기능 기억의 배경이 되듯, 개인 기억의 배경에는 집단기억에 대한 잔재가 남아 있을 수밖에 없다. 그렇기에 집단 기억이 완전히 배제된 개인 기억은 있을 수 없을 것이다.

아도시연구의 참여예술가 중 일부는 인천에서 태어나 계속 인천에만 살아온 예도 있고, 청소년기까지 지내고 대학 이후로 인천 외 도시로 나갔다가 들어온 경우 또는 인천에 대한 극히 단편적인 경험만 있는 경우 등 인천에 대한 다양한 정도 치의 경험을 갖고 있다. 설사 인천에서의 체류 경험 등 인천을 자세히 알 기회가 없었다 할지라도, 인천이라는 도시에 대한 기존의 간접 경험을 통한 기억들은 지니고 있다. 인천에 대한 파편적인 지식과 더불어 제한적인 선입견을 품고 있는 경우가 많았다. 우리가 모두가 서울에 살지 않아도 서울에 대한 기억이 있고, 뉴욕에 살아보지 않았어도 뉴욕하면 떠오르는 여러 기억이 있을 것이다. 기억은 직접적이지 않은 간접적인 경험에 의해서도 만들어질 수 있기 때문이다.

---

18) 알라디아 아스만, 『기억의 공간, 문화적 기억의 형식과 변천』, 그린비, 2014, 179-196쪽.

인천에 거주해 온 인천 사람이든 인천에서의 경험이 전무한 상태에서 아도도시연구를 계기로 인천에 와서 인천을 처음 경험했든, 그 정도와 범위의 차이는 다르지만, 각자의 인천에 대한 저장기억을 갖고 있다. 내 의식 안에 무의식적으로 또는 부분적으로 의식되지 않는 인천에 대한 기억이다. 이것을 일종의 저장 기억이자 집단기억이라고 이해할 수 있다. 그리고 아도도시연구를 계기로 다시 시간을 두고 차분히 특정한 목적에 따라 인천을 다시 경험하며 각자의 기능 기억인 개인기억을 만들어 낸다고 볼 수 있다.

집단기억이 정치적 요구 또는 본인이 직접 관련되지 않은 상황에서 전반적인 사회 분위기와 타인에 의해 만들어진 영역에 기반하여 형성된다면, 개인기억은 보다 직접적이고 문화적 기억의 다양한 관점과 연결된다고 볼 수 있다. 이러한 논리에 기반하여 볼 때, 한 도시를 이해하고 그 이해의 경험이 예술로 이어질 때는 타의에 의해서 형성되어 온 도시에 대한 막연한 기억이 아닌, 개인의 주관적인 경험에 기반한 세세한 기억, 이른바 문화적 기억이 중요하다고 볼 수 있다. 이와 같은 기억과 기억을 만들어주는 경험을 통해 비로소 도시에 대한 일반적인 이미지가 아닌 숨겨져 있는 또 다른 이미지의 가능성을 찾을 수 있을 것이다.

3. 도시의 장소 기억을 다루는 방법

1) 도시 읽기

읽는다는 것은 글을 보고 그 음대로 소리내어 말로써 나타내거나

글을 보고 거기에 담긴 뜻을 헤아려 안다는 사전적 의미로 설명할
수 있다. 글을 읽는다는 것이 이런 뜻이라면, 도시를 읽는다는 것은
도시를 구성하는 요소들 그 자체를 보거나 그 안에 담긴 또 다른 의
미를 헤아려 보는 것을 의미할 것이다. 손과 눈을 움직여 한 장 한
장 넘기는 행위를 통해 글을 보고 생각과 가슴으로 자신의 경험에
비추어 이해하듯이, 도시 읽기는 도시를 걷는다는 행위를 통해 시
작된다. 도시의 동서남북을 가로지르며 걷다 보면 깊은 곳일지라도
매 순간 새롭게 느껴진다. 특정한 시간과 공간 속에서 일어나는 일
련의 역사적 규칙과 같이 우리의 경험은 기나긴 역사의 일부에 자
리한다. 한 점의 그림을 감상하고 주변을 천천히 걸으며 설치 작품
을 살펴보듯, 도시를 감상한다. 우리는 매순간 다양한 공간을 경험
한다. 특정한 도시를 경험해서 알아간다는 것은 이와 같은 단순한
시각적 경험이 겹겹이 쌓이면서 시작된다.

　장 이브 타디에(Jean-Yves Tadié)는 인간을 만드는 것은 바로 기
억이라고 지적했는데, 살아있는 기억이라면 그것은 대부분 장소와
연관되어 있다고 보았다. 또한 에드워드 S. 캐시(Edward S. Casey)
에 따르면, 기억은 장소-지향적 혹은 장소-기반적이다. 그런데 이
때 장소는 건축물 자체나 그것이 놓인 주변의 범위 또는 추상적인
장소를 의미하는 것이 아니라, 작게는 특별한 안락의자가 장소가
될 수도 있고, 다락방, 지하실, 난로와 내달은 창, 구석진 모퉁이,
구석이나 선반, 서랍 등이 장소가 될 수 있다. 그리고 이러한 장소
는 기억의 원천으로 작동하는 모든 앎의 방식들, 즉 시각, 청각, 후
각, 촉각, 미각 등을 가지고 있다고 보았다.[19)]

　인천을 이해하기 위한 걷기를 기반으로 한 예술가의 경험은 제한

된 시간이나 그 외의 여러 이유에 따라 얕은 경험에 그치는 예도 있다. 아도시연구가 진행되는 연구 지역을 이해하기 위해 여러 예술가는 사진을 찍기도 하고 글을 쓰기도 하고 서로 머리를 맞대고 토론도 하는 등 여러 방식의 과정을 실행했다. 하지만 도시의 장소에 대한 기억을 다루는 가장 유익한 방법의 하나는 그 안의 사람을 만나고 그들의 삶을 들여다보는 것이었다. 장소에 대한 기억을 모든 감각을 동원해 샅샅이 경험하고자 해도 그것이 현실적으로 버거울 때, 그 장소 안에서 실제의 세월을 겪어내 온 사람들의 기억을 간접적으로 경험하는 것은 무엇보다도 중요하다.

2) 사람의 장소

인천이라는 도시에 대한 장소 기억을 예술가 주체가 중심이 아닌 도시를 채우고 있는 사람들의 장소에 대한 기억으로 다뤄 온 배미정은 아도시연구에 2015년과 2019년 두 차례 참여했다. 그는 불특정 사람들과 그들이 가장 애정하는 공간에 대하여 인터뷰하고 그 공간을 직접 돌아다닌다. 그 과정에서 사진을 찍고 하나의 단어나 문장으로 된 글과 장소와 관련된 물건을 인터뷰 대상자의 동의를 얻어 수집한다. 장소에 대한 애착은 결국 그곳에 얽힌 사람들과의 기억이며 관계라고 본다.

---

19) Jean-Yves Tadié, *Le sens de la mémoire*, Paris : Gallimard, 1999.; Edward S. Casey, *Remembering-a phenomenological study*, Indiana University Press, 1987, pp.186-187.; 신지은, 「장소와 기억, 그리고 기록」, 부산대학교 한국민족문화연구소 엮음, 『장소 경험과 로컬 정체성』, 소명출판, 2013, 40-41쪽 재인용.

인터뷰 과정에서 축적된 때에 따른 느낌과 생각의 파편들, 그리
고 낯선 관계에서 오는 거리감은 평면 회화로 옮겨진다. 배미정은
인천아트플랫폼에 2014년에 입주해 있는 동안, 중점적으로 인천의
장소와 공간, 그리고 그 안의 사람에 대한 기록을 축척했다. 그리고
2015년 아도도시연구에 참여하면서 인천 중구를 중심으로 지역민
들과의 인터뷰 과정을 거치며 작업을 이끌어나갔다. 다음은 배미정
의 작품에 대한 글 일부이다.[20]

무용지물 무용지도
"누구나 그러하겠지만 자신들만이 가지고 있는 애착의 공간이 있
을 것입니다. 누구에게는 한 평도 안되게 작지만 자신이 꾸며놓은
방의 귀퉁이 일지도 모르며, 누구에게는 낡아빠진 아파트 앞 괴물처
럼 몸을 비틀며 자유롭게 뻗어가고 있는 향나무 밑 일지도 모르며,
마음 둘 곳 없는 누군가는 재개발 단지에 우후죽순처럼 많이 들어서
있는 점집일지도 모릅니다. 그리고 누군가는 시멘트 넓게 발린 한강
공원일지도 모릅니다."

이렇듯 각 개인들만의 마음의 공간이 궁금해졌다.

그래서 불특정 다수의 사람을 인터뷰하고, 그들만의 마음의 장소
이지만 실재하는 공간을 알아보고 그 장소에 대한 짧은 설명을 받은
후, GPS 좌표를 활용하여 그 공간을 직접 발로 다니며 드로잉으로

---

20) 배미정은 2015년 아도도시연구에 참여하여 인천 중구와 동구를 리서치했으며,
2015년 12월 30일부터 2016년 2월 13일까지 스페이스아도에서 열린 기획전 《도시
는 역사다 - 인천 원도심 감각적 아카이빙》에 참여했다. 본 글은 해당 전시에 대한
소개 내용 중 작가의 글 일부이다.

'애정 지도'를 만들고 그 장소들을 회화로 옮기는 작업을 계속해오고 있다.

사람들과의 인터뷰 과정에서 그들이 말한 공간에 대한 느낌을 최대한 살려보려 하지만 결국 그 장소에서 내가 느낀 나의 이기적 시선이 나올 수밖에 없다. 이러한 시선의 차이가 관계 속 거리감이 되고 새로운 공간이 됩니다. 여러 해 동안 이어진 인터뷰 과정 속에서 사람들이 말하는 장소는 단지 장소가 아닌 기억의 파편, 기억의 왜곡, 포장된 기억들이라는 것을 깨닫게 되었다. 이에 그 장소와 기억에 대한 작업으로 회화 뿐 아니라 인터뷰 된 장소에서 수집한 물건들로 이루어진 설치작업도 해오고 있다.

결국, 현실에 바탕을 둔 장소와 그곳에 얽힌 관계의 이야기를 그리고 있지만, 세상의 모든 관계는 서로 이해되지 못한 추상의 조합이라고 생각한다. 따라서 조금 더 추상적인 형태와 색에 관한 연구에 매진할 생각이며 이는 나의 회화와 설치에 적극 반영 될 것이다.

이제는 무용지물인 기억으로 쓸모없지만, 그들에게 성큼 다가서 기억할 수 있는 의미 있는 지도가 만들어지는 것이다.

여기서 쓸모가 없다는 것은 각 개인의 구체적인 기억들을 그대로 드러내거나 아카이빙 형식으로 수집 채집하여 나열하지 않는다는 말이다.

장소에 뿌리를 둔 사람들의 기억과 감정, 언젠간 잊힐지도 모르는 그들이 내밀하고 사소한 이야기가 또 다른 형식의 한 조각으로 존재하기를 바란다.

일상의 모습과 장소를 배경으로 신기루처럼 있지만 있지 않기도 한 관계에 관한 얘기 속에 그들이 그렇게 계속 존재하기를 바란다.

각자의 방식으로 사랑받고 사랑하고 있었다는 것을 누군가는 또 다른 시각적인 조각으로 기억할 수 있기를 바란다.

인천에서는 특히 인상 깊은 사람들과의 인터뷰가 많았다.
'송현모사' 할머니와의 인터뷰
'고우당' 할아버지와의 인터뷰
'진원로푸상사' 아저씨와의 인터뷰
'인천아트플랫폼' 경비 아저씨와의 인터뷰
'백령도'에 계신 수녀님과의 인터뷰 등등 …
어떤 인터뷰는 눈물로, 어떤 인터뷰는 멋진 드럼 공연으로 이루어지기도 했다.

벌써 작업으로 완성된 이야기도 있고 아직 나의 마음 속에서 숙성 중인 이야기도 있다. 언젠가 또 다른 작업으로 시각화될 것이고 그들은 그렇게 존재할 것이다.
그 작업이 그들을 찾아갈 수 있는 무용한 지도가 되기를 바란다.

배미정은 걷기의 모빌리티에 기반하여 지역을 경험하며, 위와 같이 오랜 세월 지역에 터를 잡고 살아온 지역민들과의 소통에 집중했다. 지역민과의 소통은 항상 처음부터 자연스럽거나 쉽지는 않다. 시작은 항상 어색할 것이다. 한 번의 만남이 아닌 지속적인 만남을 통해 얼굴을 익히고, 차츰 대화를 이끌어간다. 예술가가 원하는 방식과 방향이 있고 지역민들을 그 틀 안에 넣고자 했다면 인터뷰는 더욱 원활히 진행되기 어려웠을 것이다. 인터뷰를 진행하는 동안 예술가와 주민의 대화의 주인공은 항상 주민이다. 예술가 스스로가 애착하는 장소가 아닌 인터뷰 대상이 되는 주민이 애정하는

사진 18. 배미정, 〈37°28'16.2"N 126°37'34.0"E 송현모사 할머니의 손〉 2015 Acrylic on canvas, 91×91cm ▲
사진 19. 배미정, 〈아버지의 자리 어머니의 자리〉 2015, 쇠사슬, 면사, 플라스틱바구니, 식물, 거울, 천, 가변크기 ▶

공간에 대해 알아간다. 그들의 장소에 대한 기억과 관계를 이해하기 위해 천천히 한 걸음씩 소통을 이어간다. 배미정은 인터뷰하는 과정에서 오는 거리감도 결과적으로 창작해내는 회화 작품의 모티브로 삼았다고 한다.

그의 작품에서 주목할 부분 중 하나는 예술가가 직접 발로 걸어다니며 거쳐 가는 위치에 대한 GPS 좌표의 획득이다. 그의 작품의 제목은 GPS를 나타내는 긴 숫자로 이뤄지곤 한다. 그의 작품 〈37°28'16.2"N126°37'34.0"E 송현모사 할머니의 손〉[사진 18]의 제목에서 등장하는 숫자는 바로 이 작품과 관계된 장소의 좌표이다. 좌표를 통해 드러나는 장소는 결국 그곳에 얽힌 사람들과의 기억과 관계를 의미한다. 인터뷰 과정에서 수집한 해당 장소와 관련된 물건들은 〈아버지의 자리 어머니의 자리〉[사진 19]와 같이 설치를 위한 오브제의 일부가 되어 예술작품으로 새로운 역할과 이미지를 얻는

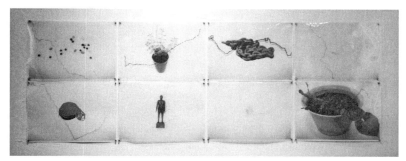

사진 20. 배미정, 〈무용지물무용지도〉 2015, OHP필름에 디지털 출력, 트레싱지에 디지털
출력, 가변크기

다. 그리고 수집된 물건들을 사진으로 재기록한 〈무용지물무용지
도〉[사진 20]와 같은 작품으로 재탄생된다.

인천을 경험하는 예술가들의 모빌리티는 걷기의 모빌리티와 함
께 보다 보편적 의미의 스마트한 모빌리티가 접목되어 과정이 기록
되고 관리되곤 한다. 모든 스마트폰 이용자가 지도와 위치 인식 기
능이 있는 모바일 디바이스를 활용하면서 개인의 위치가 위도와 경
도로 표시될 수 있다. 경험하는 위치를 지속적으로 기록하며, 배미
정의 경우에는 이른바 '애정지도' 만들기도 한다. 그 지도는 예술가
의 걷기의 모빌리티의 기록임과 동시에 지역을 채우는 타인들의 애
정하는 장소에 대한 기록이기도 하다.

그는 인천의 사람들과 그 사람들의 현실의 장소와 그곳에 얽힌
관계의 이야기를 하나의 중요한 기억으로 보고자 했다. 장소에 뿌
리를 둔 기억과 감정과 같은 사소한 것들을, 실제도 그러하듯, 구체
적으로 세세하게 다 이해할 수 있는 이미지가 아닌 추상적인 이미
지로 화폭에 담아낸다. 인터뷰를 하는 동안 그들의 삶에 동화되어

사진 21. 《도시는 역사다: 인천 원도심 감각적 아카이빙》 전 중 배미정 전시 전경

함께 웃고 울기도 하며 그들의 이야기들이 쌓여서 예술가만의 인천
을 이해하는 통로가 되며, 그 결과로 만들어진 작품을 통해 관람객
은 도시에 대한 또 다른 기억을 경험하게 된다.

4. 장소와 경험

1) 장소성

모든 사람은 태어나고 자란 장소, 살고 있는 장소, 특히 특별한
경험을 가졌던 장소들을 갖고 있다. 일생의 주기 안에서 살아가며
거주하던 집, 집에서 일어난 많은 일들, 집을 거점으로 반복해서

걷던 주변의 거리 등에 대한 기억과 감각 그리고 애착은 개인의 정체성이자 안정감의 근원으로 자리한다. 평생을 살면서 수많은 장소를 다니며 장소 마다의 경험과 이미지와 흔적들을 간직한다. 이러한 장소가 가지는 특성을 장소성이라고 부를 수 있다. 장소성의 보편적 의미는 각각의 장소가 가지는 독특한 성격을 의미하며, 장소의 위치, 장소에 입지해 있는 시설, 개인이나 집단의 행위 차원에서 사회적 의식으로 표출되는 특징을 지닌다고 설명할 수 있다. 에드워드 렐프(Edward Relph)는 장소의 세 가지 구성요소인 물리적 조건, 형태, 의미는 장소의 정체성을 이루는 기본요소라고 본다. 이 요소들이 공간이나 시간적 맥락을 지니게 되면서 그 맥락들 간의 연계에 따라 독특한 정체성을 지니게 되는데 그것이 장소성이라고 보았다.[21)

또한 이푸 투안은 시간과 가시성을 장소성의 주요 형성 요소라고 보았다. 일반적인 흐름으로서 시간의 개념보다는 반복이라는 개념을 통해 설명할 수 있는 시간의 의미를 내세우며 반복적 경험을 통해 장소성이 만들어진다고 보았다.[22) 도시의 이미지와 장소성을 구분한다면, 도시의 이미지는 도시가 지니는 물리적이거나 비물리적인 요소에 대해 직관적으로 나타나는 것이라고 설명할 수 있다. 반면 도시의 장소성은 도시의 일정한 장소나 공간에 대한 경험이 바탕이 되어야 하며, 경험으로 형성된 장소에 대한 느낌을 장소성이라고 설명할 수 있다.

---

21) 에드워드 렐프, 『장소와 장소상실』, 김덕현 외 역, 논형, 2014.
22) 이푸 투안, 『공간과 장소』, 구동희·심승희 옮김, 도서출판 대윤, 2007.

미술사적 배경에서 장소성은 또 다른 의미로 다뤄질 수 있다. 미술에서 장소성은 오늘날의 '미술'의 의미와는 또 다른 의미로 이해할 수 있는 먼 선사시대부터 오늘날에 이르기까지 일종의 기념비적 속성을 지닌 미술에 내재해있다. 하지만 이러한 장소성은 1960년대 이후 해프닝이나 미니멀아트 등과 같이 앞서 다룬 장소의 개념을 시작으로 장소 특정성이라는 영역 하에서 이전 보다는 집중적으로 다뤄졌다. 1990년대를 전후하여 장소 특정적 작품은 장소와 주체의 유목적 개념에 집중한다. 질 들뢰즈의 이론에 기초한 '유목적' 장소의 배경에는 설치 미술이 제도권의 주변부에서 중심으로 흡수되는 상황과 미디어의 발달로 인한 인터넷과 같은 가상 공간의 등장이 있다. 이는 지리사회학적으로 모빌리티 이론에 대한 논의와 비슷한 시작 지점을 공유한다.

유목적 장소 개념에 기반한 장소 특정성의 대두 배경에는 장소 특정적 미술에서 주요 역할을 해 온 관객의 입장보다 예술가가 다시 주체로 인식되는 변화가 있다. '유목적'이라는 개념은 장소 자체의 이동성에 중점을 둔 의미이면서 동시에 오늘날의 이주와 유목으로 설명할 수 있는 세계화 시대의 문화현상을 배경으로 한다. 여기서 세계화 시대는 세계적인 것이 지역적인 것을 대체하는 것이 아니라 오히려 지역적인 것, 장소 혹은 현장이 세계적인 것과 새롭게 만나는 것을 의미한다고 볼 수 있다. 오늘날 지역주의에 집중하여 전개되는 예술의 경향을 이해할 수 있는 시작점이라고 볼 수도 있다. '유목적 장소'가 장소의 주요 개념으로 다뤄지기 이전에 장소는 '타동사적 장소'의 개념에 기반하여 관람객에 의해 실현되는 장소로 받아들여졌다. 타동사적 장소는 관객에 의해 타동적으로 의미를 얻는 장소의 상황을 함축하는 의미이다. 이는 앞서 언급한 현상학적으로 이해되는 장소 특정적 미술의 장소 특징을 나타내는 개념으로서 '연극적 공간'의 의미를 함축한다.

오늘날은 물리적으로 한곳에 오래 정주하여 살아가는 일이 줄어들며, 또는 자의적으로 여러 나라 또는 여러 도시를 옮겨 다니면서도 살아갈 수 있는 기회가 많아짐에 따라, 한 장소에 대한 지속적인 애착이나 의미를 형성하는 일이 어려워진 것이 사실이다. 설사 한곳에 비교적 오래 정주한다고 하더라도, 물리적으로는 한 곳에 정주해있겠지만, 의식적으로나 경험적으로는 계속 이동하고 있다. 즉 다양한 가상의 공간과 정보의 교환에 기반한 모빌리티 환경은 세계화로 인해 도시들이 서로 비슷해져 특별한 장소의 의미와 감각을 만드는 것이 어려워지는 데 일조한다. 사물을 비롯한 사람과 정보의 이동이 활발해지고 자유롭게 공간을 넘나들게 됨에 따라 장소가 지니는 의미는 상실되어간다고 볼 수 있다. 인터넷을 통한 정보의 홍수 안에서 다른 도시로 가상의 방문을 할 때나, 직접 특정 도시에서 관광할 때나, 장소에 대해 본인이 스스로 경험하기 이전에 이미 알려진 도시에 대한 넘치는 세부 정보에 따라 자신의 의견은 무의식적으로든 배제된다. 정해진 시간 안에 새로운 도시를 경험하는 과정에서 해당 도시를 관광지로서 의미가 있는 장소로 만들기 위한 책자나 정보에 따라 별표나 좋아요가 몇 개인지에 따라 도시를 찾게 되는 것이 일반적인 상황이다.

하지만 이러한 오늘날의 시대적 배경하에, 벤야민의 산책자가 느릿느릿 걸어다니듯 도시를 걸으며 빈둥거리고 거리를 체험하면서 예술가 특유의 관찰력으로 도시를 탐색하는 것의 가치와 중요성이 더욱 강조될 수 있다. 도시를 소개하는 책자나 기존의 정보에 의존하지 않고, 개인의 기억과 경험에 의존하여 도시를 읽어냄으로서 도시의 장소성을 찾아낼 수 있는 것이다.

2) 장소 만들기

중앙정부와 지방정부가 지역의 구도심을 재생하기 위한 도시재생사업을 경쟁적으로 추진하는 배경에 따라 인천의 구도심은 그 어느 때보다도 주요 재생대상지로 관심을 받고 있다. 전면적 철거의 방식이 아닌 새로운 지역 활성화에 대한 관심은 이른바 구도심의 '장소만들기'에 주목하고 있다. 인천 개항장의 장소만들기에 대한 실태를 다룬 최근 연구에서는 장소 만들기를 도시 내의 특정한 장소를 대상으로 하여 물리적인 공간에 사람들의 의미와 경험을 부여할 수 있는 장소로 조성하는 것이며 잃어버렸던 인간의 삶의 질을 되찾아가는 행위라고 정의하고 있다.[23]

해당 연구는 구도심 활성화를 위한 7가지 장소만들기 요소를 도출하여 분석의 틀로 활용하고 개항장 지구의 장소만들기 실태를 평가하여 시사점을 도출한다. 분석을 위한 틀로 역사성 보존, 공공성 제고, 연결성 회복, 자연경관 고려, 경제성 향상, 가변성 고려, 주민 참여 유도를 설정한다. 실태 분석의 결과에 따라, 개항장의 근대 건축물을 외형 보존에 머물지 않고 보다 다양한 활용 가능성을 제시할 수 있어야 한다고 보았다. 더불어 중구청 거리와 인천 내항 수

---

23) 이범훈·김경배, 「인천 개항장의 장소만들기 실태 분석과 발전 방향 연구」, 『한국도시설계학회』 11(5), 2010, 95-112쪽.

변공간과의 보행 공간을 연계하고 자유공원과 인천 내항을 연결하
는 보행자 동선을 확보하는 공간의 입체적 연결에 대해 언급하고
있다. 해당 연구는 도시 설계와 도시 디자인 측면에서 개항장의 장
소 만들기를 바라보고 있다.

　도시를 보다 거시적 시선으로 바라보는 연구와 달리, 개인들의
현장 활동을 기반으로 한 미시적 시선으로 도시의 장소 만들기를
바라보는 입장에는 연구의 범위, 속도, 방향성 등에서 차이가 있음
을 알 수 있다. 하지만 거시적 시점의 연구가 제시한 장소 만들기에
서 중요하게 강조하는 건축물과 같은 고정된 장소의 흔적들이 다양
하게 응용되어야 한다는 대안과 여러 장소를 보행으로 연결할 수
있는 입체적 장소의 연합을 강조하는 지점은 개인들의 미시적 시선
의 연구와 중요 입장을 공유한다.

　2014년 아도도시연구에 참여했던 김순임 작가는 2014년에 이어
2015년에도 인천의 중구와 더불어 동구에 대한 연구를 이어갔다.
아도도시연구에 참여했던 것을 계기로, 김순임은 본 연구자가 총괄
기획자로 참여했던 인천 동구의 작은미술관인 우리미술관의 개관
전 작가로 참여하였다.[24] 만석동의 주민들을 위한 미술관을 조성
하는 첫 단계는 주민들과의 소통이었다. 미술관 개관전에 참여할
예술가들과의 소통 및 작업 진행 관리 그리고 사용되지 않는 세 개
의 쪽방을 합쳐 미술관을 만드는 물리적 환경 조성에 이르기까지

---

24) 2015년 11월 28일 개관전과 함께 문을 연 우리미술관은 문화체육관광부 주최, 한
　　국문화예술위원회 주관, 국민체육진흥공단에서 후원하는 '작은미술관 조성 운영
　　사업'에 선정되어 (재)인천문화재단이 운영하는 미술관이다. 본 연구자 정상희는
　　우리미술관의 공모단계부터 총괄기획자로 참여하여 미술관 조성 및 개관을 총괄기
　　획하였다.

미술관 조성은 개관까지 크게 세 가지의 트랙으로 진행되었다.

이 지역 주민을 위한 작은 미술관을 조성하는 과정 중 미술관을 기획하는 기획자나 참여 예술가에게 가장 중요한 것은 만석동을 이해하고 만석동에 살고 있는 사람들과의 소통이었다. 동네를 매일 끊임없이 느릿 느릿 걸어다니는 것이 가장 첫 번째 소통을 위한 일과였다. 60대면 아주 젊은 축에 속하는 지역민과의 만남은 처음에는 일종의 경계심과 낯섦으로 어색했지만 차츰 서로에게 익숙해지게 되었다. 김순임 작가는 도보로 동네을 경험하며, 동네의 흔적으로서 골목에 버려진 다양한 오브제들을 모았다. 그는 동네의 집집마다 문 밖에 나와 앉아 굴을 까고 있는 주민들의 모습을 경험한다. 그리고 그들과의 대화 과정에서 굴껍데기가 이 동네에서 어떤 의미를 지니는 것인지 알게 되었다.

도시의 일생은 역사와 환경 사이의 상호작용을 전제로 한다. 미술관을 조성하기 위해 경험하고 관찰했던 만석동, 일명 괭이부리마을은 일제강점기와 한국전쟁, 산업화와 IMF의 역사적 상황들과 노동자 숙소와 토막집으로, 단층에서 2층으로 또 다시 2층에서 1층으로 그리고 재개발을 위한 철거라는 환경적 상황을 바탕으로 당시 모습을 지니게 되었다. 골목과 좁은 한 칸 방에 쌓여 있는 과거와 현재는 더 이상의 미래는 없는 우울한 모습으로 철거되어가며 완전히 새로운 외형으로 변해가고 있었다. 하지만 그 아무리 외형이 변해가도 그 안에 쌓여 있는 역사적 사실과 관계는 여전히 남아 있을 수밖에 없다. 단지 외형과 그 이면의 역사적 증거는 서로 충돌하는 존재로 묻힐 뿐이다. 집과 집 사이의 마음의 경계를 허물고 수많은 방으로 구성된 하나의 큰 집과 같았던 괭이부리마을은 오늘날 집과 집 사이에 공동 주택이 들어서고 아파트가 세워지는 보존과 개발 사이의 딜레마 안에서 또 다른 소통과 충돌의 시간을 힘들게 겪어 내고 있었다.

우리미술관 개관전인 《집과 집 사이 - 철, 물, 흙》에는 강혁, 구본아, 김순임, 도시성, 이상하 작가가 참여했다. 예술가들은 철, 물, 흙이라는 주제 하에 직접 걷고 냄새 맡고 수집하고 만나고 대화 나누며 경험하여 각자의 예술적 시점에서 동네의 시간을 읽어내고자 했다. '철, 물, 흙'은 이 동네의 장소 기억을 위한 2차적 상징 요소들이다. 단순한 과거에 대한 상실감이나 회고의식에 머무는 것이 아닌 지역을 읽어내고 지금 시점에도 동네의 변화와 성장에 적극적인 역할을 행하는 상징적 기준이 되기도 한다. 동네와 맞닿아 있는 철강단지와 부두의 현실적이면서도 상징적 의미는 주민들의 과거와 현재의 삶과 직접 연계되어 있다. 돌멩이로 흙 위에 금을 그어 땅따먹기하며 놀았던 아이들도 하나둘씩 없어지고 흙이 밟히던 골목들도 점점 줄어들고 있다. 흙은 옛 동네의 사람 냄새나는 정겨움을 상기시키면서 동시에 노동자들의 삶으로 이어지기도 한다.[25]

김순임은 한때 괭이부리마을 일대 집의 바닥을 단단하게 다지는 용도로도 쓰이고 현재도 주민들의 생계유지를 위해 중요한 굴 껍데기를 통해 지역과 사람을 이해하고자 했다. 괭이부리마을 주변 어디서든 지금도 쉽게 비릿하면서도 고소한 굴 냄새를 맡을 수 있다. 주로 장소를 경험하는 과정에서 만난 자연재료를 창작의 주재료로

---

25) 정상희, 〈집과 집 사이 - 철, 물, 흙〉 우리미술관 개관전 도록 서문의 일부, 2015.11.

사진 22. 《집과 집 사이 - 철, 물, 흙》 전시 전경, 우리미술관, 2015

사진 23. 〈굴땅 The Space68〉 설치 장면

그림 24. 김순임, 〈굴땅 The Space68〉, 굴껍질, 와이어,
종이테입, 블록, 2015, 가변크기, 우리미술관

사용해 온 김순임에게 이 동네에서 가장 쉽게 그리고 가장 많이 볼
수 있는 굴 껍데기 수집은 당연한 과정일 것이다.

굴까는 이들과 직접 만나고 소통하고 그들을 통해 굴 껍데기를
얻는 과정 자체에서 동네의 장소성을 예술작품으로 표현해냈다.[사
진 22-24] 동네 주민에게 굴껍데기는 그들의 삶의 일부이고 삶에서
볼 수 있는 당연한 것들이었다. 하지만 한 예술가가 굴껍데기로 작
품을 만들기 이전까지 그것들은 물질적으로는 버려지는 쓰레기 그
이상도 이하도 아니었다. 의미적으로는 그들의 삶을 지탱해주는 중
요한 상징적인 것이었을 테지만 말이다. 김순임이 굴껍데기를 작품

의 주재료로 사용해 미술관 전시장 한가운데에 위치를 잡고 바닥에서 천장을 향해 뻗어 올라가는 나무처럼 하나의 설치 작품을 만들었을 때 주민들의 반응은 기대 이상이었다. 그들의 일상에서 볼 수 있는 쓰레기가 눈부신 예술작품으로 변신했으니 당연한 반응이었을 것이다. 예술가가 도시를 걸으며 경험하는 과정에서 자신의 시선으로 찾아낸 도시의 흔적인 굴껍데기로 괭이부리마을의 장소성은 또 다른 해석의 영역을 얻었다.

우리미술관 조성 과정은 직접적으로 아도도시연구의 일부로 진행하지는 않았다. 하지만 예술가에게 제시한 창작의 과정과 방법에 대한 방향성과 기대하는 가능성과 결과에 있어서, 인천이라는 도시를 예술가의 시선으로 경험한 결과로 도시의 장소성을 찾아가는 아도도시연구의 방식의 일부이자 그 연장선에 있었다. 김순임 외에도 아도도시연구 참여 작가 중 구본아도 우리미술관 개관전에 참여했다. 그는 철강단지의 발전과 함께 변화를 겪어 온 지역의 일생을 수묵이 지니는 물성을 통해 표현한 작품을 선보였다. 수묵 작품을 기반으로 한 영상을 통해 평면 안에 단순히 읽힐 수 있는 철 이미지의 확장을 시도했다. 수묵과 영상으로 펼쳐지는 철의 강인하면서도 뜨겁고 때로는 차가운 복합적인 이미지는 동네를 바라보는 또 하나의 예술적 시점을 제시해준다.

김순임과 구본아 두 작가는 우리미술관 개관전이 열린 2015년 11월 이전 2014년 아도도시연구에 참여하며 인천 구도심에 대한 사전 연구와 도시에 대한 경험을 창작으로 연결하는 작업을 진행하였었기에 더욱 수월하게 괭이부리마을을 연구하고 예술작품을 통해 지역의 장소만들기를 구체화할 수 있었다.

5. 장소 재발견하기

1) 진짜 장소와 가짜 장소

에드워드 렐프(Edward Relph)는 우리가 장소를 이해하는 다양한 방법을 확인하기 위해 장소의 경험과 개념의 범위를 설정하는 일환으로 공간과 장소의 관계를 고찰한다. 그리고 장소 경험의 다양한 구성요소와 강도를 탐구하며, 장소의 정체성과 사람들이 장소에 대해 가지는 정체성의 본질을 분석하며, 장소감과 장소에 대한 애착이 장소와 경관 만들기 속에서 어떻게 드러나는지 살핀다.[26)]

그는 디즈니랜드와 같은 실제 지리 환경과 관련이 없는 인공적 장소가 생김에 따라, 도시 장소에 역사와 신화, 그리고 현실과 환상의 초현실적 조합이 만들어졌다고 보았다. 디즈니 월드와 그와 유사한 것들은 세계 곳곳에서 모아온 역사와 모험을 상상력이 풍부하고 조형적으로 만들어 내보이며, 이것들을 암시적이든 명시적이든 기술공학적인 유토피아 전망과 결합시켰다고 보았다. 또한 이러한 환상적인 가짜 장소들은 단조롭고 타락하고 무능력한 현실로부터 도피하는 장소이기도 하다고 보았다. 이러한 장소 안에서 장소 경험을 이끌 수 있는 온전한 장소성을 찾기는 쉽지 않다.

또한 렐프는 역사의 보존이나 재구성 또는 이상화에 기반한 박물관화에 대해 얘기한다. 때로는 과거를 모조리 재창조해 내려는 시도가 이루어지기도 하는 박물관화는 통찰력 있는 장소감이 있는 사람에게 역사적 분위기나 그런 장소가 가진 교육적 가치에 대해 설

---

26) 에드워드 렐프, 『장소와 장소 상실』, 김덕현 외 역, 논형, 2014.

득당하지 않을 것이라고 말한다. '거짓 정체성보다는 정체성이 없는 것이 낫다'라는 한 학자의 문장을 인용하며, 이러한 디즈니화와 박물관화의 확장으로 도시 장소의 정체성이 거짓된 것으로 만들어질 수 있는 문제에 대해 경고하고 있다.[27]

인천의 원도심 곳곳에 만들어진 과거의 조계지로서의 역사에 의지해 박물관화 또는 일종의 디즈니화 된 곳들을 확인할 수 있다. 이처럼 꾸며진 장소들은 극히 일차원적으로 역사에 접근한 결과물로서, 일종의 장소의 거짓 정체성으로 채워진 곳이라 볼 수 있다. 인천 원도심에서 펼쳐지는 다양한 영역의 예술은 역사성을 어떻게 바라보느냐에 따라 다른 결과물을 낳고 있다. 인천이 하나의 도시로 형성되는 과정에서 토대를 이룬 여러 장소는 치욕적으로 부끄러운 기억들과 동시에 향수를 불러일으키는 요소들을 함께 공유하곤 한다. 특정 장소들은 극적인 방법으로 제거되기도 하며, 입장에 따른 것일 수도 있겠지만, 자랑스러운 또는 과시하기에 적당한 기억과 연관되는 어떤 장소들 또는 기억 그 자체는 과하게 장식되고 복구되기도 한다.

역사적 장소의 개발과 보존의 문제는 항상 대립 구조를 취할 수밖에 없는 것이 실정이다. 하지만 한 장소가 지니는 역사성 자체는 그것을 살리느냐 죽이느냐의 문제가 아닌 그것을 현대적으로 어떻게 해석하고 우리의 실생활에 어떻게 적용할 수 있느냐에 따라 바람직하게 다뤄질 수 있다고 보인다. 도시의 여러 상징물을 포함한 역사적 경관은 지역 자체의 물리적 자산인 동시에 상징적인 자산이

---

27) 앞의 책, 203-215쪽.

된다. 이런 측면에서 인천 중구와 그 주변의 예술적 흔적으로 다룰 수 있는 이른바 공공미술을 포함한 경관은 과연 이 지역의 물리적이며 상징적인 자산이 될 수 있을 것인가에 대한 끊임 없는 질문을 일으킨다.

2) 장소의 환상과 실재

아도도시연구 프로젝트의 보행 연구 과정 중, 인천의 중구와 동구 그 주변에서 행해진 다양한 예술적 흔적의 역할을 살펴보면서 이 지역이 지니는 역사성을 기반으로 지역을 나눠서 접근할 수 있었다. 배다리와 우각로, 그리고 개항장과 신포로 일대로 크게 나눠 접근했을 때, 두 지역 사이의 차이점을 인식할 수 있었다. 배다리와 우각로 문화마을을 중심으로 전개되어 온 예술적 흔적들은 역사를 편협한 입장에서 확정하려는 한계에서 벗어나 시민과 체험 중심의 경향을 보였다.

반면 개항장과 그 일대에서 전개된 흔적인 관광을 촉구하는 입장에서의 지역 개발과 일종의 행정상 과시를 목적으로 역사를 표면적으로 한정 지으려는 경향을 확인할 수 있었다. 예술가들은 도시를 걸으며 도시에 숨겨있는 여러 요소를 찾으려 시간을 보내며 이른바 진정한 장소성이 형성되어 있지 않거나 지워진 장소는 단번에 알아낼 수 있었다. 장소에 오랜 세월과 함께 축적된 역사의 흔적들을 단순히 장소를 시각적으로 경험한다고 정확히 그리고 충분히 알 수 있는 것은 아니었다. 지역에 있는 크고 작은 박물관들도 당연히 지역을 경험하는 예술가들이 거쳐 가는 곳 중 하나였다. 그곳의 여러 자료들을 통해 모르고 있었던 역사적 사실에 대한 여러 정보를 습득할 수도 있었다. 하지만 결정적으로 그들의 도시에 대한 경험이 창작으로 이어지는 과정에서 디즈니화되고 박물관화 된 지역의 장소들은 구체적으로 모티브의 중심에 자리하는 경우는 거의 없었다. 인천을 거점으로 활동을 하거나 거주하지 않는 작가들은 각자 인천에 대한 일종의 선입견 또는 환상을 가지고 있었다. 그리고 그들은 그들의 인천에 대한 환상을 실제 현장을 경험하며 보완하거나 깨뜨리는 과정을 거쳤다.

　2014년 아도도시연구에 참여한 예술가 중 한 명이었던 오숙진은 인천의 중구를 경험하는 과정에서 월미도를 작품의 모티브로 선택했다. 다음은 오숙진의 전시에 대한 글의 일부이다.[28]

만남
　대학시절 인천에 친구들과 놀러 와 본 적이 있었는지 정확히 기억나지 않는다. 와 본 듯도 하고 그렇지 않은 듯도 하다. 서울과 가까운 인천은 서울 사람이라면 누구나 쉽게 올 수 있는 곳이고 그래서 또 쉽게 와지지 않는 곳이다.
　나는 처음 인천에 왔다. 어쩌면 다시.
　스페이스 아도를 찾은 날. 근대건축물들이 늘어선 중앙동 거리는 왠지 모를 아련함을 주었다. 비록 이 건물들이 그 시대의 기억을 온

---

28) 오숙진은 2014년 아도도시연구에 참여하여 인천 중구에 대한 연구 과정을 거쳤다. 그리고 그 결과로 《인천 판타스틱 웨이브 - 오숙진과 친구들》을 2014년 12월 2일부터 12월 13일까지 스페이스아도에서 개최하였다. 본 글은 작품의 일부이자 전시에 대한 소개글의 일부이다. 본 전시는 오숙진 외에도 황은화(시), 석지나(그래픽 디자인), 박문정(음악)의 참여로 이뤄졌다.

전히 간직하고 있는 것은 아니라 할지라도 이 시대의 감성을 빗겨
난 묘한 분위기를 풍기는 것은 사실이다. 길은 횅하고 지나가는 사
람도 없다. 이 거리에서 나는 존재하지도 않는 어떤 아련한 향수를
느낀다. 내 눈 앞에 펼쳐진 이 거리 풍경 위로 어떤 음악이 흘렀으면
한다. 멜랑콜리한 시 한 구절도 필요하다. 읊조려지는 소리도 좋고
눈으로 읊을 수 있는 아름다운 활자여도 좋다.

　이렇게 그림과 음악과 시, 그리고 디자인이 모였다. 마치 인천이
라는 공간이 지난 시간 서로 다른 문화와, 계층, 사상들이 만나 서로
뒤엉켜 혼성의 문화를 만들어냈듯, 나 역시 예술이라는 큰 테두리
안에 서로 다른 장르들을 불러들였다. 그림 그리는 숙진, 글 쓰는
은화, 그래픽 디자이너 지나, 음악감독 문정. 이렇게 "예술적인" 삶
을 산다고 하는 사람들이 모였다. 우리의 걸음은 월미도로 향한다.
진짜 인천은 거기에 있기 때문이다.

　오숙진은 개항장 중심에 위치했던 스페이스 아도를 방문한 첫 기
억을 시작으로 장소의 경험을 다룬다. 스페이스 아도가 위치한 차
이나타운과 신포시장 중간의 장소는 근대 개항의 역사적 흔적이 가
장 집중적으로 많이 모여있는 곳이지만, 특히 평일 해가 질 무렵이
면 무서움이 느껴질 정도로 한적한 거리이다. 예술적 감수성이 충
만한 예술가들은 때로는 오싹함이 느껴질 정도로 한적한 거리에서
실제 경험해보지 못한 시대의 일종의 향수와 같은 것을 느끼곤 한
다. 오숙진은 개항장을 중심으로 주변의 지역을 지속적으로 방문한
다. 차이나타운과 맥아더 장군이 있는 자유공원을 지나 월미도로
들어가며 그곳에서 그만의 인천의 장소성을 찾았다.

월미도의 말괄량이들

사춘기를 갓 지난 소녀가 한껏 멋을 부려보지만 촌스러움과 어색함을 벗지 못하는 것처럼 인천은 그런 소녀를 닮았다. 인천의 마스코트 같은 소녀들이 월미도 디스코 팡팡 위에서 널을 뛰듯, 춤을 추듯, 튀어 오른다.

오래 전에 사춘기를 보낸 나로서는 소녀들도, 디스코 팡팡도, 월미도도, 인천도 마음에 들지 않는다. 앳된 얼굴에 화장을 하고 다리속을 훤히 드러내는 소녀들은 불량식품처럼 값싸고 해로워 보인다. 음악은 그저 그렇고, 저 유명한 디스코 팡팡 DJ의 멘트는 저급하다 못해 모욕적이다. 낡고 때가 낀 놀이기구들은 지금 당장 멈춰 선다 해도 이상하지 않을 것이다. 뒤엉킨 놀이기구들 옆으로 주점들이 늘어서 있고, 또 뒤편으로는 모텔들이 있다. 짜고 습한 공기가 이 요란한 풍경들을 휘감는다. 몇 번을 다시 찾아도 월미도는 낯설고 불편하고 얄밉다.

인천 발라드 vol.8

_ 황은화

말괄량이가 말괄량이에게
그 말괄량이가 그 옆에 말괄량이에게
그 옆에 말괄량이가 그 앞에 말괄량이에게
그 옆에 앞에 말괄량이가 그 옆에 옆에 말괄량이에게
그 옆에 앞에 옆에 옆에 말괄량이가 또 그 앞에 말괄량이에게
속삭인다

'난 결혼할지 몰라요'
'나는 곧 결혼할지 몰라요'
'나는 곧 결혼할지도 몰라잉~'

그거 알아? 말괄량이들은 절대 헤어질 줄 모르지
그 말괄량이 중 하나가 지금 사랑에 빠졌어
−목사가 있다면 설교해 주세요
−의사가 있다면 진찰해 주세요
−조련사가 있다면 깨물어 주세요

하지만 소용 없어!
주근깨 빼빼마른 말괄량이들은
제멋대로 챔피언이니까

월미도 바닷가에서 말괄량이들이
폭죽을 터뜨리며 마녀처럼 속삭였어

'나는 곧 결혼할지 몰라요'

말괄량이가 말괄량이에게
그 말괄량이가 그 옆에 말괄량이에게
다짜고짜

그러나 어느 순간 월미도의 소녀들을 다른 눈으로 보게 되었다.
소녀들은 달라지지 않았다. 그저 싸늘한 눈빛으로 소녀들을 쳐다보
던 내 자신이 부끄러워졌다.

　나는 어떤 껍질 속에 살고 있다. 소위 말하는 가방끈이 길어지고, 외국물을 먹고, 예술가라고 스스로를 소개하면서 내 자신이 고급문화의 선두주자라도 되는 듯이 세련되지 못한 일상의 삶들을 무시했다. 무엇이 고급이고 무엇이 저급인가. 무엇이 세련이고 무엇이 촌스러움인가. 삶의 진정한 모습들은 어디에 있는 것인가. 저급과 촌스러움 속에 진짜 삶이 있다고 하지는 않겠다. 하지만 분명 고급문화라고 불리는 것 속에는 자기 도취, 자기 만족, 자기 방어, 이런 겉치레들이 잔뜩 들어 있다. 나도 그런 겉치레 속에 살아가는 사람일 것이다.

　나는 고급문화라는 이름의 불편하면서도 포기할 수 없는 옷을 입고 있지만, 소녀들은 스스로 발가벗었고, 환희의 비명을 지른다. 저것이 삶이다. 어리거나 늙었거나 서로가 서로를 유혹하는 춤을 추고 비명을 지른다. 그렇게 다음 세대는 만들어지고 또 다음 세대도 춤을 추고 비명을 지를 것이다. 이것은 에너지이다. 삶의 에너지. 태어나는 순간 우리는 우주로부터 한 덩이의 에너지를 얻었고 존재 하는 짧은 시간 동안 그 에너지로 인해 살아간다. 기쁨의 순간에도 슬픔의 순간에도 이 에너지는 우리를 집어 던지고, 받아내고, 또 뒤흔든다. 마치 디스코 팡팡처럼. 그 위에 올라서는 순간 누구도 가만히 멈춰서 있을 수 없다. 쩍 벌어진 다리는 하늘로 치솟을 것이고, 머리카락은 얼굴을 뒤덮어 서로를 알아 볼 수 없게 할 것이다. 누구도 춤을 추려고 하는 것은 아니지만 모두가 춤을 춘다. 삶이 스스로를 춤추게 하는 곳. 저급문화라고 얕잡아 보던 월미도 놀이공원에서 나는 삶의 민낯을 보았다.

　더 이상 인천이 싫지 않다.

오숙진은 시와 음악을 함께 동원해 월미도에 대한 경험을 예술화하며 공유한다. 함께 참여한 시인의 글을 통해 그가 나누고 싶었던 월미도에 대한 예술가적 시선에서의 경험은 고급문화와 저급문화로 나뉠 수 있는 문화에서 어느 쪽이 더 우월한가에 관한 이야기를 배제하고 있다. 월미도의 장소성이 개항장 주변의 다른 인위적인 역사의 이야기를 담고자 조잡하게 만들어져 있는 흔적과 달리 진정성을 지니고 있다고 보았다. 예술에서 키치로 정의되는 일종의 문화 현상 안에서 월미도 놀이공원에 대한 경험을 예술화하고 있다.

인천 판타스틱 웨이브

인천 판타스틱 웨이브라는 이번 전시의 제목은 인천의 이미지를 한마디로 요약해 준다. 부천 판타스틱 영화제를 따라 한 거냐고 꼬집어 묻는다면, 정확한 지적이다. 그런 '짝퉁'의 이미지가 딱 인천과 닮았다. 개항 이후 외국의 문물들이 첫 발을 내 디딘 곳이 바로 인천이다. 그 시대의 흔적이 남아있긴 하지만 도시 개발의 열풍에 많은 곳이 사라졌고, 요즘에는 근대의 흔적이 관광상품이 된다는 것을 알고 뒤늦게 그것을 복원하겠다고 야단을 피우기도 한다. 그래서 결국은 시간의 축적으로 완성된 근대기념물이 아니라, 겉모습만 흉내 내어 만든 근대 스타일 건물들이 등장하기도 한다. 오래된 것과 새 것이 섞여있고 진짜와 가짜가 뒤엉켜 있다. 정통성을 내세울 수 없는 혼성의 문화를 만들어 낸 것이 인천이니 이 전시의 제목도 그런 인천의 캐릭터를 제대로 담고 있다. 그러나 시간이란 얼마나 또 얄궂은 것 인가. 지금의 가짜들이 시간이 흘러 진짜 '가짜의 역사'로 거듭날 것이고, 인천도 혼성의 도시로서 새로운 정통성을 갖게 될 것이다.

이곳에 물결이 인다. 파도의 일렁임, 그리고 시간이 뱉어놓은 말 괄량이들의 비틀거림.

거대한 여인, 그 여인의 혓바닥

이제 스페이스 아도로 돌아오자. 디스코 팡팡이 거대한 여인의 혓 바닥으로 변하여 전시장으로 들어왔다. 디스코 팡팡이 가진 '철학 적', '상징적' 의미는 혓바닥으로 형상화 되었다. 거대한 여인은 인 도 신화 속에 나오는, 근원의 바다 위에 잠들어 있는 비슈누처럼 태 초의 존재이고 우주의 원초적 에너지 그 자체이다. 여인의 혀는 그 녀의 심장으로부터 길게 빠져 나왔다. 그리고 입 안에서 말괄량이가 미끄러져 내려온다. 붉고 뜨거운 근육 덩어리 혓바닥이 요동칠 때마 다 말괄량이는 튕겨지고, 내려앉고, 넘어진다. 혓바닥 위의 그는 기 쁠 수도 있고, 슬플 수도 있고, 화가 날 수도 있고, 무심할 수도 있 다. 말괄량이는 그 존재만으로 이미 완전하고, 족하다. 날름거리는 혀는 침샘을 자극하고 여인의 입에서는 침이 흘러내린다. 침은 점점 고이고 거대한 바다가 된다. 태고의 존재, 여인이 뱉어낸 침은 생명 을 길러내는 어머니 바다가 되어 세상을 덮는다.

우리도 춤을 추자. 춤이 아니어도 상관없다. 흐느적거림이어도 좋고, 고달픈 삶에 바둥거리는 몸부림이어도 좋다. 여인의 혓바닥 위에서, 그저 그녀의 입 속에서 미끄러져 나와 세상에 존재하는 것 만으로도 더 이상의 의미나 의의가 필요 없다는 듯 그 위에서 춤을 추자.

오숙진은 작품을 통해 월미도에서 진짜 인천을 찾았다고 말한다. 인천의 월미도를 찾아갔고 그곳에서 놀이기구에서 웃으며 노는 아 이들, 짜고 습한 공기와 원색으로 곳곳이 꾸며져 있는 요란한 풍경

사진 25. 오숙진, 《인천 판타스틱 웨이브》 전시 엽서와 텍스트 설치

을 보며 낯선 도시의 풍경으로 자신만의 도시에 대한 흔적을 경험
하고 기억한다. 그 도시의 풍경에서 마치 현대미술의 키치적인 이
미지를 찾은 듯, 함께 도시를 경험한 시인과 함께 텍스트로 경험을
기록한다. 전시장에서 선보인 작품을 온전히 이해하기 위해서는 그
와 그의 동료의 텍스트를 함께 읽어야 한다.[사진 25-26] 그의 글은
짧지만 인천의 월미도를 처음에는 평범한 방문자에서 예술가의 시
선으로 경험하며 도시를 받아들이는 일종의 심적 변화를 전달한다.
　그가 경험한 인천은 오래된 것과 새것이 섞여 있고, 진짜와 가짜
가 뒤엉켜 있는 장소이다. 일종의 혼성 문화를 만들어 낸 곳이 인천
이라 바라보며, 혼성의 도시로서 새로운 정통성을 가지게 될 장소
에 대한 예술적 표현을 전시를 통해 상징적으로 보여준다. 오숙진
이 지내온 일생의 많은 경험이 축적되며 형성되어 온 이야기 안에

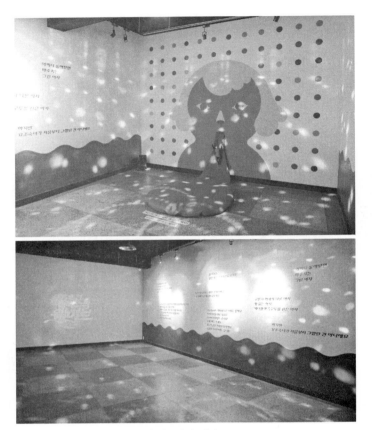

사진 26. 《인천 판타스틱 웨이브》 전시 전경

는 지리학, 회화, 인도, 인도의 신화와 춤 등이 있다. 그러한 그의 기존의 경험은 도시 인천에 대한 경험과 만나 인천 판타스틱 웨이브에 등장하는 혓바닥을 내밀고 있는 거대한 여인의 이미지로 형상화된다.

오숙진이 인천을 경험하며 창작해 낸 예술작품을 관객들이 이해하는 과정은 직관적으로 받아들이는 감각에서 시작해 작품의 움직

사진 27. 김하림 노정하 2인전 《오!마이랜드》 전시 엽서
사진 28. 김하림, 〈만국기〉, 혼합재료, 2014, 가변크기

임을 경험하고 주변의 벽에 그려진 배경 이미지와 텍스트를 읽는
과정과 같은 두어 단계를 더 관찰하며 완성된다. 반면, 역시 2014
년 아도시연구에 참여했던 김하림의 작품은 관객들로 하여금 보
다 직관적으로 예술가의 도시에 대한 경험의 이미지를 확인할 수
있게 한다. 김하림은 인천의 중구에 대한 여러 차례의 경험을 "낡은
색동옷처럼 화려했던 예전의 영광을 뒤로 한 채 오래된 건축물과
그 건물을 복제한 키치와 놀이공원이 뒤섞인 채 묘한 호흡을 하고
있다"고 묘사한다.[29] 그는 러시아, 일본, 중국 등의 각국의 특성을

---

29) 김하림은 2014년 아도시연구에 참여하여 인천 중구를 중심으로 장소를 경험하
  며 결과로서 참여작가 노정하와 함께 2인전 《오! 마이랜드》를 2014년 11월 11일부
  터 26일까지 스페이스아도에서 개최했다. 본 글은 김하림의 작가 노트에서 인용.

사진 29. 김하림, 노정하 2인전 《오!마이랜드》 설치 전경

가진 조계지의 모습을 인위적으로 조성해 놓은 장소에 대한 느낌을 보다 직관적으로 만국기를 통해 보여준다.[사진 27–29] 존재하는 역사와 만들어진 장소의 진정성에 대한 비판적이든 긍정적이든 어떠한 판단도 더하지 않고 단지 시각적으로 경험의 기억을 드러낸다.

   김하림과 함께 2인전으로 아도도시연구에 참여했던 노정하는 중구의 월미도와 신포동에 대한 집중적인 경험을 기록했다. 그 역시 다른 참여 작가와 마찬가지로, 인천 중구 중앙동의 거점 공간인 스페이스 아도를 시작 지점으로 경험 범위를 점차적으로 넓혀갔다. 노정하의 기록에 따르면, 장소들에 대한 경험 과정에서 처음 눈에 들어온 이미지는 세련되지 않은 원초적인 광고판의 이미지와 문구들, 오래된 놀이기구들과 설치물들, 골목길 곳곳에 널려있는 낡고 때묻은 생활 잡동사니들이었다. 이러한 이미지에 대한 표현은 월미

사진 30. 노정하 〈월미공원 #1〉 디지털 프린트, 2014

사진 31. 노정하 〈신포동 #1〉 디지털 프린트, 2014

도와 신포동의 현재 이미지이지 옛 모습은 아니라고 생각을 덧붙인
다. 낡은 장소들을 보며 장소를 경험하는 지금, 이 순간의 기준에서
깨끗하고 세련되지 못하다는 느낌은 오히려 이 장소가 지나간 시간
의 흔적이 살아 숨쉬는 도시 공간이라는 의미로 인식의 전환이 이
뤄진다.[30]

---

30) 김하림, 노정하 2인전 《오!마이랜드》의 전시 소개를 위한 작가 노트에서 인용.

사진 32. 《오!마이랜드》 전시 설치 전경

　노정하는 도시의 오랜 과거의 흔적이 살아 숨 쉬는 도시 공간들을 카메라에 담아내면서 기대했던 것 이상으로 장소의 매력에 빠져들었다고 고백한다. 그의 예술가적 시선으로는 이 장소들을 단순히 낡고 헐어 지저분하다고 단순히 표현하기에는 독특한 장소성을 지니며 묘한 매력을 발산하는 공간이라고 바라보았다. 사진으로 기록되는 장소의 이미지를 통해 잃어버린 시간의 의미를 떠올리고 비로소 현재 나의 존재가 살아있음을 깨닫게 하는 공간으로 삼았다.

　그리고 사진 속 이미지로 재발견된 도시의 이미지는 실제 크기에 맞춰 대형 출력되어 전시장 전체를 그 장소들로 탈바꿈시킨다.[사진 30-31] 거리 모퉁이의 작은 타일 하나까지도 역사를 지니고 있음을 생각하며, 전시장 안에 장소를 재구성하며 실제 지금 장소가 아닌 과거의 또는 미래의 같은 장소의 또 다른 장소성에 대한 가치에 대해 생각할 기회를 제시한다.
전시장 내부는 신포동으로 변
신했고, 2층의 전시장으로 올
라오는 계단과 그 주변의 입
체적인 공간은 월미도의 놀이
동산으로 변신했다. 공간으
로 들어오는 관객들은 신포동
과 월미도에 대한 또 다른 경
험을 하게 된다.[사진 32-33]

사진 33. 《오!마이랜드》 전시 오프닝 전경

3) 인천의 장소 특정성과 로컬리티의 확장

아도시연구와 같은 문화예술연구가 로컬리티 연구에 가장 중
요한 영향을 미친 부분은 정체성에 대한 문제라고 볼 수 있을 것이
다. 지역의 정체성은 획일적이거나 고정된 것이 아니라, 지속적으
로 변화할 수 있는 유동적인 특징을 지니고 확정되어 결론지어진
것이 아닌 여러 해석의 가능성 안에서 더욱 유연하게 흡수하고 조
화를 이룰 수 있으면서도 견고하고 고유한 것으로 이해할 수 있다.
이와 같은 의미에서 아도시연구를 통해 예술가들이 인천을 바라
본 시선들의 가장 큰 공헌은 지역의 고정된 의미의 장을 확장했다
는 데 있다고 볼 수 있을 것이다.

인천이라는 특정 지역에 관한 연구는 걷기의 모빌리티라는 방법적 개념 하에 개인의 경험을 축적하고 수집과 인터뷰 등 각자의 방식으로 기록을 취한다. 극히 예술가의 개인적인 시선과 개인적인 경험이 가장 중요하다. 이와 같이 개인의 경험을 중시하는 이유는 앞서 언급했듯이, 아도도시연구의 출발점이 지역에 대한 집단기억으로 형성되어 온 장소성보다 개인의 다양한 경험을 통해 축적되는 기억에 기반한 장소성의 다양성이 인천의 정체성을 더욱 풍요롭게 해 줄 수 있다는 도시연구의 가능성 때문이다. 아도도시연구를 통해 인천을 경험한 예술가들 외에도 수 많은 예술가들이 자신의 방법론에 따라 도시를 경험하고 이해하고 작품으로 재창조해내고 있다.

본 연구를 통해 소개된 예술가들은 지속적인 시간 안에 함께 지역을 걷고 경험하고 그 경험의 가치에 대해 공유해 왔다. 인천을 바라보는 서로 다른 지점과 방향에 따라 그들의 경험은 서로 다른 방법으로 전개되었다. 이 과정에서 형성되는 장소에 대한 특정한 개인의 경험은 때로는 지역민들과의 직접적인 참여와 소통을 통해 전개되는 새로운 공공미술의 형태로 볼 수 있는 커뮤니티 아트의 한 형태로 발전하기도 했다.

최영의 파편화된 기록의 아카이빙에서 시작하여 수집된 이미지의 재조합 과정은 다른 참여 예술가들과 마찬가지로 끊임없는 외부 환경과의 상호작용으로 이뤄진다. 관찰과 경험의 다소 산만한 과정은 그 과정 자체 뿐 아니라 축적된 경험이 예술을 통해 독해되는 과정을 통해 더욱 의미를 부여받는다. 심경보는 장소를 채우며 떠도는 이미지와 텍스트의 수집을 경험의 방법으로 택했다. 마르

크 오제가 의미하는 오직 수동적 입장에서 텍스트만으로 장소와
상호작용하는 비장소의 개념과는 또 다른 의미를 지니는 심경보의
텍스트는 능동적인 습득의 과정을 통해 장소와 상호작용을 일으키
는 매개의 역할을 한다. 인천이라는 도시 만의 흔적들로 길거리에
서 수집할 수 있는 것들의 사소한 텍스트를 통해 지역의 장소성을
찾아간다.

  정상희와 이홍규로 구성된 아도도시연구 기획자팀인 ADO 역시
이미지와 텍스트로 동시다발적으로 장소의 경험을 기록하고 기억
한다. 하지만 수집된 이미지와 상징적인 텍스트를 시작으로, 끝말
잇기를 하듯 기억 잇기 또는 경험 잇기의 방법으로 예술가 주체와
더불어 관객의 능동적인 참여를 유도함으로써 확장된 차원의 이야
기 구축을 유도한다. 예술가의 시선으로 사전 축적된 경험 위에 관
객의 경험을 더하는 방식으로 지역의 정체성을 다룰 수 있는 단서
들을 구축해간다. 과정의 중요성에 의미의 무게를 싣고, 문화예술
을 통해 로컬리티의 정체성을 결론짓는 것이 아니라 확장시킬 수
있는 가능성을 찾아간다. 집단 기억을 최대한 조절해가며 개인 기
억에 따라 보다 유연한 로컬리티에 대한 인식을 형성해 가는 과정
이라고 볼 수 있다.

  김순임은 돌멩이와 굴껍데기와 같은 경험하는 인천 지역의 장소
곳곳에 버려진 작은 것들에 대한 관심을 쏟는다. 특히 굴껍데기가
작품의 주재료와 주제로 다뤄지기까지는 오랜 시간 동안의 지역에
대한 직접적인 경험이 있었고 그 과정에서 일어나는 빈번한 지역민
과의 소통과정이 있었다. 만석동 일대의 집의 기초를 다지는 용도
로 쓰였던 굴껍데기는 오늘날 주민들의 생계와도 직접 이어지는 것

으로서, 지역민의 삶과 그 무엇보다도 밀접하게 연결된 상징이라고 볼 수 있다. 예술가는 장소들을 천천히 경험하며 과정에서 일어나는 다양한 소통을 통해 기록하고 그 기억이 독해되어 독창적인 예술로 만들어졌다. 보이는 것들이지만 관심을 기울이지 않으면 보이지 않는 것들이 바로 이러한 예술가들의 경험을 통해 얻어질 수 있는 것이다. 지역에 대한 오랜 흔적이 가장 많이 쌓여 있는 것들을 찾아내는 여정은 걷고 만나며 경험하고 그 안에 깊숙이 들어갔을 때 가능한 일이다. 구본아의 경우에는 오랜 건축물의 낡은 모서리와 조각들이 떨어져 나간 낡은 흔적, 그리고 그 주변의 말라버린 식물체의 모습에서 시간의 흐름을 경험했다. 다소 수동적인 방식으로 자신만의 경험을 쌓아가며 축적된 이미지를 재구성하며 자신의 방식에 따라 자연스러운 세월의 흔적을 작품화하는 측면에서 앞서 언급한 최영의 회화와 유사한 방식을 취한다.

배미정은 김순임과 유사한 방식으로 지역민과의 소통 과정을 중요하게 다룬다. 예술가 스스로의 시선으로 바라본 장소에 대한 경험과 함께 그 안에 살고 있는 사람들의 장소에 대해 경험한다. 배미정은 개인의 구체적인 기억들을 그대로 드러내지도 아카이빙 방식으로 수집하여 단순히 나열하지도 않는다. 그 이유는 장소에 뿌리를 둔 사람들의 기억과 세세한 감정들이 또 다른 형식의 결과물로 남을 수 있기를 바라기 때문이다. 그것들을 자신의 예술로 담았다. 지역민들 각자의 애정이 담긴 장소에 대한 정보에 따라 GPS좌표를 활용하고 실제 그곳에 가서 인터뷰 내용을 기억하며 예술가 스스로 경험한다. 지역민들과의 인터뷰 과정에서 얻은 다양한 물건들은 작품의 오브제가 되어 본래 포함된 이야기들이 다시 새로운 모습으로 예술을 통해 드러난다. 설치와 회화 등의 방식으로 말이다. 장소를 채우고 있는 사람들의 마음의 공간을 찾아 나서는 과정이라고 볼 수 있다.

오숙진은 인천에 대한 이미지를 예술에 있어 고급문화와 저급문화와 관련하여 경험하고 기억한다. 하지만 고급문화와 저급문화 사이에 어느 쪽이 더욱 우월한지에 대한 입장은 배제한 채, 각각의 문화의 가치를 모두 인정하고 바라본다. 그는 월미도를 중심으로 한 인천의 장소에 대해 자신의 시각예술에 기반한 시선뿐 아니라 시인과 음악가를 동원하여 더욱 입체적으로 이해하고자 시도하였다. 그는 개항장 주변의 역사를 기억하기 위해 인위적으로 만들어진 장소보다, 일종의 키치와 같은 저급문화가 느껴지지만 있는 그대로의 월미도에서 장소에 대한 진정성을 찾을 수 있다고 보았다. 그리고 그것이 인천의 진정한 장소성이라고 보았다. 세련됨과 고급스러움에 대한 선입견은 가벼움 또는 유치함과 즐거움을 별 볼 일 없는 것으로 배제하곤 하지만, 그러한 선입견은 장소성을 온전히 경험하는 데 걸림돌이 됨을 보여주고 있다. 오래된 것과 새것이 공존하고 진짜와 가짜가 공존하는 혼성도시로서 인천을 기억한다.

김하림과 노정하는 인천 중구에 대한 경험을 보다 직관적인 감각으로 관객들과 공유하고자 했다. 조계지에 대한 역사적인 사실들이 인위적으로 재구성되어 있는 도시의 장소 곳곳을 경험한 김하림은 만국기라는 조계지에 대해 연상할 수 있는 상징적인 이미지를 설치하는 방법을 선택했다. 노정하는 스페이스 아도 전시공간과 공간으로 올라오는 계단과 벽 전체를 신포동과 월미도의 모습을 대형 실사 출력한 이미지로 채워 넣었다. 인천 중구를 경험하는 과정에서

사진 33. 2018 아도도시연구 기획전 《혼성도시의 감각 – 이미지어빌리티》 전경

경험의 과정들을 사진으로 기록한 사진 작가 노정하는 축적된 사진
들을 재조합하여 전시 공간을 경험한 현장으로 재현하고 있다. 관
객들이 전시장에 들어선 순간 직관적으로 장소에 대해 인식할 수
있도록 신포동과 월미도의 대표적인 장소성을 이미지로 보여줄 수
있는 장면을 활용했다.

　2018년 아도도시연구의 결과물로서 개최한 기획전 《혼성도시의
감각 – 이미지어빌리티》[사진 33]은 여러 지역에서 모인 작가들로 구
성되었으며, 그들은 인천 뿐 아니라 서울, 광주, 일본 등 여러 도시
와 나라에 대한 연구 과정을 공유하는 세미나를 통해 도시에 관한
연구의 다양한 방식에 대해 논했다. 이 중 인천에 관한 도시연구를

사진 34. 〈무제〉, 아카이벌 피그먼트 프린트, 40x60cm, 2019
(사진제공: 이민경)

이어간 참여예술가 중 인천 서구에서 살고 있는 이민경은 아도도시
연구 세미나가 진행되었던 7개월 동안 경험한 도시에 관한 이야기
를 다음과 같이 나누고 있다.[31] [사진 34]

> 공터(空-), I have no name.
> … 7개월 동안 사람이 만든 도시라는 공간과 사라지고 다시 생성
> 되는 수많은 인간의 장소들에 대해 함께 생각했다. 그러다 개항시대

---

31) 이민경 작가는 2018년 아도도시연구의 기획전 〈혼성도시의 감각 – 이미지어빌리티〉
에 참여하였으며, 본 글은 당시 전시를 통해 발표했던 작품에 대한 작가 글의 일부이다.
이민경은 2018년에 이어 2019년 심포지엄 방식으로 기획된 아도도시연구에도 참여
했다.

의 모습을 그대로 간직한 오래된 건물이 즐비한 동인천의 한 장소에서, 같은 도시임에도 매일 매일 새 건물이 들어서는 광경을 일상으로 대할 수 있는 나의 마을을 떠올렸다. 인간의 도시란 마치 탄생과 성장, 늙음과 죽음이 동시에 공존하는 하나의 유기체와 같아서, 마치 창세기와 계시록이 한 페이지에 기록된 듯하다. 동인천의 오래된 도시에서 세미나를 마치고, 북항, 청라 신도시를 통과해 매립지를 거쳐, 원당으로 돌아오는 길이 바로 그랬다.

공터의 사전적 정의는 집이나 밭 따위가 없는 비어 있는 땅이다. 내가 살고 있는 인천 원당지역은 아파트가 **빽빽**한 아파트촌인데, 다시금 새 아파트 단지가 들어서고 마을이 커지는 중이다. 사람이 살고 있는 마을 둘레로 가림막이 쳐진 채, 여러 개의 산들이 자리 잡은 곳들은 다시 파헤쳐지고 거대한 공터가 만들어지고 있다. 멀지 않은 지척에 **빼곡히** 초록색 머리를 내밀었던 얕은 산은 붉은 색 민머리가 되었다가 작아져 갔다. 어떤 장소는 내가 관심을 갖기도 전에는 밭이었던가, 다시금 개망초가 가득한 들판이 되었다가 굴삭기에 의해 다져졌다. 도시의 마천루에서는 상상하지 못하는 붉고 날것의 지평선이 드러났다.

차들이 달리는 8차선 도로를 마주한 공터들이었다.

두 계절에 걸쳐 그러한 공터를 서성이며 바라보았다.

공터라는 임시의 이름에서 존재하는 것들을 말이다.

이민경의 작품을 통해 알 수 있듯이, 예술가의 일상의 삶에서 관찰하는 도시의 변화는 도시를 이해하는 방법이 되고 예술을 통해 드러나며 예술가는 도시의 역사를 기록하는 산 증인으로서의 역할을 하게 된다. 아도도시연구를 통해 다뤄져 온 예술가의 시선과 경

사진 35.《아도도시연구 : 문화예술과 도시재생 그리고 예술가의
영역》심포지엄 포스터 이미지

험이 토대가 되어 직관적이든, 파편화가 되었든, 지역에 대한 깊은
개입을 통해서든 기록된 도시의 이미지는 단순한 기록의 의미를 넘
어서 동시대뿐 아니라 더욱 많은 세월이 지난 뒤 미술사적으로 뿐
아니라 지역사적으로도 중요한 자료가 될 수 있을 것이다. 그 시선
과 결과가 도시 인천에 대한 모두가 공감할 수 있는 보편적인 이미
지가 아닐지라도, 또는 비판적인 시각으로 다뤄지거나, 극히 가볍

거나 이해하기 어려울 만큼 무거운 접근의 결과물일지라도 말이다.

개항기 시절 인천의 모습을 비롯하여 오랜 과거부터 오늘날에 이르는 모습을 확인할 수 있는 통로는 대부분 당시를 경험한 글과 사진 등의 자료를 통해서 일 것이다. 21세기를 살아가는 예술가가 경험한 결과물로서 인천의 장소성에 대한 아도도시연구와 같은 예술을 통한 지역의 기록은 지금까지보다 더욱 활발히 전개되어야 할 것이다.

나오는 말 - 관찰, 참여, 개입의 소통과 예술

벤야민의 산책자처럼 도시의 장소 곳곳을 여유롭게 느릿느릿 걸어 다니며, 만나는 주민들과 눈인사를 하고, 바닥에 굴러다니는 돌멩이도 줍고 다양한 크기의 홍보물도 줍고, 건물 외벽의 갈라진 틈으로 자라나고 있는 이름 모를 식물을 사진기에 담기도 하면서 예술가가 결과적으로 만들어가는 미적 체험은 그 시작이 단순했다 할지라도 그 실질적인 과정과 결과는 결코 단순하지 않다. 도시를 경험하기 위해 발을 내딛기 한참 전부터 예술가들은 머리를 맞대고 혹은 홀로 여러 고민을 한다. 시작은 정해진 지역을 걷기에서 시작하지만, 어느 지점에서 시작할지 또는 어느 시간에 시작할지부터 모든 과정은 그들의 고민을 거친 결정에 따라 행해진다. 그들의 시도 자체는 지금까지 쌓여 온 예술가로서의 역량이 있기에 가능하다. 그렇기에 예술가는 누구든지 경험할 수 있어도 발견하지 못하는 것 또는 누구도 발견하지 못한 소외된 것들 또는 장소들을 찾아

예술의 언어로 의미를 부여한다.

아도도시연구는 앞서 언급했듯이 도시에 대한 경험의 정해진 결론을 설정하지 않는다. 열린 결말, 또는 결말에 도달할 수 없는 끝이 없는 가능성을 갖고 예술가들은 도시에 대한 경험을 시작해왔다. 짧게는 5개월 길게는 9개월에 이르는 기간 동안 한 지역에 관한 경험의 결과로서 예술작품은 때에 따라 완성도의 측면에서 부족함을 드러내는 경우도 있다. 하지만 작품의 완성도는 아도도시연구에서 중요하지 않다. 예술가가 도시를 관찰하고 기록하는 과정에서 얻는 개인 기억으로 이미 도시의 장소를 이해하면서 크고 작은 장소성이 형성되고 있기 때문이다. 또한, 이러한 이유로 아도도시연구와 같이 예술가의 시선으로 인천을 비롯한 도시를 이해하는 다양한 과정은 지속할 가치가 있는 것이다.

보행자의 경험은 주변의 변하는 모든 환경과 함께 상호작용을 한다는 측면에서, 모빌리티 이론을 통해 아도도시연구의 의의를 이해할 수 있었다. 예술이 인천을 모티브로 삼아 경험되는 인천을 이루고 있는 수많은 물질적이거나 비물질적인 사소한 것들 또는 사람들이 예술을 통해 가치를 얻게 되면서 우리의 시야 안으로 들어오게 된다. 이러한 과정과 결과는 실질적인 이동에 의한 도시에 대한 경험이 전제되기에 가능하다고 본다.

또한 예술가를 포함한 연구 대상 지역의 시민들 또는 결과를 공유하는 관람객 중 누구의 참여가 되었든 참여 행위 자체가 아도도시연구에서는 우선시 된다. 결과적으로 물질적인 예술 작품으로 드러나지만, 그 과정에서 얻을 수 있는 예술가의 경험과 시민과의 소통과 같은 비물질적인 영역이 중요하게 다뤄진다. 미술사적 배경에서 장소 특정적 미술의 초기 특징에서 벗어나 작품이 장소와 장소를 둘러싼 배경을 이해하기 위한 기능으로 사용된다는 지점에서 아도도시연구의 예술가의 행위와 결과들을 장소 특정적 미술의 영역 안에서 이해할 수 있을 것이다.

결과적으로, 예술가의 시선, 걷기의 모빌리티를 통한 장소 경험, 개인 기억, 그리고 경험과 기억의 독해로 의미를 얻는 장소, 그리고 장소 특정성으로 아도도시연구의 키워드를 정리할 수 있다. 아도도시연구는 현대미술과 도시연구의 장 안에서 관찰을 기반으로 도시 인천의 장소에 참여하고 개입하고 소통하며 예술의 가치와 역할에 대한 가능성 그리고 도시의 장소성을 이해할 수 있는 방식과 결과의 가능성을 확장시킨다.

아도도시연구의 도시를 이해하는 예술 방법론은 앞으로 실천의 지속성을 유지할 수 있다면 인천을 비롯한 도시를 다양하게 이해하는데 무엇보다도 중요한 역할을 할 것이다. 본 연구서를 통해 예술가의 시선에 기반한 경험과 기록 그리고 기억이 도시 정체성의 확장을 도울 수 있다는 것을 명확히 알릴 수 있길 바란다.

2013년의 사전 연구를 시작으로 2014년부터 2019년까지 매해 진행되었던 아도도시연구는 2018년까지 도시에 대한 직접 경험의 과정과 반복적인 세미나 과정 그리고 결과로서 전시의 구조로 전체 연구 과정이 구성되었다. 2019년에는 2014년부터 참여해온 예술가 중 일부와 새로운 참여 작가를 구성하여 세 차례에 걸친 토론 방식의 심포지엄으로 아도도시연구를 진행했다. 심포지엄에 참여한 패널은 지금까지의 아도도시연구에 참여한 예술가와 같은 시각예술가를 비롯한 안무가, 전시기획자, 다큐멘터리영화감독, 건축가 그리고 공간운영자를 비롯한 서로 다른 문화예술의 영역에서 활동하고 있는 전문가들로 구성되었다. 참여 패널들이 활동하는 분야는 대부분 상이했지만, 도시연구에 관한 관심과 지금까지의 연구 방향과 비전에 있어서는 많은 부분을 공유한 이들이었기 때문에 한자리에 함께 할 수 있었다.

아도도시연구의 연장 선상에서 더욱 다양한 분야의 예술 전문가들과 함께 토론을 진행했던 주제들은 문화예술을 통해 도시를 어떻게 재발견할 수 있으며, 도시를 재발견하는 과정에서 예술가는 앞으로 어떤 역할을 보다 주도적으로 할 수 있는지, 예술가 또는 예술이 앞으로 지역사회와 어떤 형태와 방식의 관계를 형성해야 하는지 또는 형성할 수 있을지에 대한 것들이었다. 이 논의 주제들은 앞으로 아도도시연구가 예술을 매개로 한 도시연구의 장을 넓혀감에 있어 해결해야 할 주제들이기도 하다. 그리고 시각예술을 포함한 무용, 다큐멘터리, 건축, 문학 등 분야의 예술가들은 각자의 영역을 매개로 도시를 경험하고 기록하며 때로는 사라지는 도시 속 공간을 기록하며, 도시에 대한 또는 오늘날 우리의 삶에 대한 다양한 질문을 반복했다. 질문의 답을 찾아가는 과정 안에서, 주변과 사소한 것에 대한 지속적인 관심이 우리가 살아가는 도시에 대한 온전한 이해와 관계를 위해 반드시 필요한 감각임을 기억하게 된다.

아도도시연구(ADO Urban Research) 인천연구 기반
프로젝트 진행 개요 2013~2019년

연도	프로젝트 종류	참여 예술가	내용	기타
2013	리서치	정상희 이홍규	• 인천과 시카고 비교 연구 • 아도도시연구 사전 연구 진행	• 아도크리에이션 결성 (2월 25일) • 예술경영지원센터의 지원으로 진행
2014	리서치, 세미나, 기획전시	구본아 김순임 김하림 노정하 오숙진 이호진 이홍규 정상희	• 스페이스아도(중구 중앙동 소재)를 거점으로 아도도시연구 기획 진행 • 거점 공간을 중심으로 인천 중구를 대상으로 연구사업 진행 • 인천문화재단 "레지던시프로그램" 선정 사업으로 기획 진행 • 오!마이랜드(전시) • 인천판타스틱웨이브(전시) • 곳과 돌(전시)	• 스페이스아도 개관 (4월 15일) • 인천문화재단 지원으로 진행
2015	리서치, 세미나, 기획전시	심경보 배미정 최영 이홍규 정상희	• 인천문화재단 "레지던시프로그램"으로 2년차 선정되어 기획 진행 • 2014년도와 마찬가지로 스페이스아도를 거점 공간으로 진행 • 연구 대상 지역을 중구에서 중구와 동구로 확장함 • 도시는 역사다: 인천 원도심 감각적 아카이빙(전시)	• 인천 동구 우리미술관 총괄 기획 개관(11월) • 우리미술관 기획전에 아도도시연구 기존 작가 일부 참여 • 인천문화재단 지원으로 진행
2016	출판, 리서치	정상희 이홍규	• 2013년과 2014년 2년간 진행한 인천과 시카고에 대한 비교 연구 결과물로서 도서 출간 • 단행본 『시카고와 인천, 시각예술로서 도시읽기』(한국문화예술위원회 비평활성화 선정 사업으로 출간)	• 한국문화예술위원회 지원으로 진행

연도	프로젝트 종류	참여 예술가	내용	기타
2017	리서치	정상희 이홍규	• 기존 아도시연구에 대한 정리 보완 기간 • 인천에서 도시연구 대상 도시를 아시아 항구도시로 확장 진행 • 홍콩, 호치민 시티, 상하이, 칭다오, 요코하마 현장 경험 연구 진행 • 아시아 항구도시 연구 자료 아카이빙 결과물들은 차후 인천과 비교 연구로 활용 • 2021년-2022년 아시아 항구도시와 인천의 교류를 기반으로 한 도시연구 진행 예정	• 한국문화예술위원회 지원으로 진행
2018	리서치, 세미나, 기획전시	김민정 김진 곽지영 남경순 이민경 정성헌 황경현 이홍규 정상희	• 2018 아도시연구는 스페이스아도를 거점 공간으로, 인천을 비롯한 국내 여러 도시에 대한 연구로 확장 • 6회에 걸친 세미나 진행을 통해 인천, 문래동, 전라도 광주, 연남동 등 도시에 대한 연구 비교 아카이빙 • 기획전시 《이미지어빌리티, 혼성도시의 감각》	• 스페이스 아도를 거점으로 진행한 마지막 프로젝트
2019	리서치, 세미나, 심포지엄	김순임 남경순 배미정 성원선 신형배 송주원 송호철 이민경 정이삭 최선 이홍규 정상희	• 2019 아도시연구는 인천아트플랫폼을 거점 공간으로 3회에 걸친 심포지엄의 형태로 진행 • 2014년부터 2018년까지 아도시연구에 참여한 예술가 일부 포함하여 참여패널 구성 • 심포지엄 《문화예술과 도시재생 그리고 예술가의 영역》	• 도시연구/기획자로 인천아트플랫폼 입주함에 따라 인천아트플랫폼을 거점 공간으로 활용

참고문헌

그램 질로크, 『발터 벤야민과 메트로폴리스』, 노명우 옮김, 효형출판, 2007.

권미원, 『장소 특정적 미술』, 김인규·우정아·이영욱 옮김, 현실문화, 2018.

도난영·황희정, 「인천시 경관 특성별 인식 차이 및 도시 이미지 평가에 미치는 영향 – 외부 방문객을 중심으로」, 『도시행정학보』 제27집 제2호, 2014.6, 147–165쪽.

리베카 솔닛, 『걷기의 인문학』, 김정아 옮김, 반비, 2017.

말렌 프로이덴달 페데르센·스벤 케설링 편저, 『도시 모빌리티 네트워크 : 사회적 실천과 모빌리티의 정치학』, 정상철 역, 앨피, 2020.

마르크 오제, 「도시 그리고 도시적인 것의 식별」, 『불어문화권연구』 4권 0호, 1994.11, 114–131쪽.

마크 고트디너 & 레슬리 버드, 『도시연구의 주요개념』, 남영호·채윤하 역, 라움, 2013.

미미 셸러, 『모빌리티 정의 : 왜 이동의 정치학인가』, 최영석 역, 앨피, 2019.

부산대학교 한국민족문화연구소 엮음, 『장소 경험과 로컬 정체성』, 소명출판, 2013.

심혜련, 「도시 공간 읽기와 방법론으로서의 흔적 읽기」, 『시대와 철학』 제23권 2호, 2012, 67–97쪽.

신현숙, 「장소특정적 연극-퍼포먼스 연구 – 한국의 공연작품들을 중심으로」, 『한국연극학』 제1권 제49호, 2013, 171–208쪽.

수잔 레이시 편, 『새로운 장르 공공미술: 지형그리기』, 이영욱·김인규 역, 문화과학사, 2010.

스벤 스피커, 『빅 아카이브』, 이재영 역, 홍디자인, 2013.

서우석, 「도시인문학의 등장 – 학문적 담론과 실천」, 『도시인문학연구』 vol.6 issue2, 2014, 29–56쪽.

알라디아 아스만, 『기억의 공간, 문화적 기억의 형식과 변천』, 변학수·채연숙 역, 그린비, 2014.

오미일·배윤기, 「한국 개항장 도시의 기념 사업과 기억의 정치, 인천의 집단 기억과 장소성을 중심으로」, 『사회와 역사』 제83집, 2009, 45-81쪽.

요시나라 나오키, 『모빌리티와 장소』, 이상봉·신나경 공역, 심산문화, 2010.

여진원, 「도시아카이브 방향과 파사주프로젝트 적용에 관한 연구 - 발터 벤야민의 사상을 중심으로」, 『한국도서관 정보학회지』 제44권 제2호, 2013, 293-313쪽.

이범훈·김경배, 「인천 개항장의 장소만들기 실태 분석과 발전 방향 연구」, 『한국도시설계학회』 11(5), 2010, 95-112쪽.

이상봉 편, 『창조성과 도시』, 소명출판, 2013.

이용균, 「모빌리티의 구성과 실천에 대한 지리학적 탐색」, 『한국도시지리학회지』 vol.18. issue 03, 2015, 147-159쪽.

이푸 투안, 『공간과 장소』, 구동희·심승희 옮김, 도서출판 대윤, 2007.

윤신희·노시학, 「새로운 모빌리티스 개념에 관한 이론적 고찰」, 『국토지리학회지』 제49권 4호, 491-503쪽.

윤태양, 「다섯 가지 상호의존적 모빌리티에 대한 비판적 검토」, 『International Journal of Diaspora & Cultural Criticism』 vol.9 No.2, 2019, 312-332쪽.

에드워드 렐프, 『장소와 장소상실』, 김덕현 외 역, 논형, 2014.

전영우, 「인천시민이 가지고 있는 인천의 이미지에 대한 연구」, 『인천학연구』 1, 2002.12., 49-68쪽.

정상희 글, 이홍규 사진, 『시카고와 인천, 도시 만나기 - 시각예술로서의 도시 읽기』, 아도크리에이션, 2015.

정헌목, 「전통적인 장소의 변화와 '비장소(non-place)'의 등장 : 마르크 오제의 논의와 적용사례들을 중심으로」, 『비교문화연구』 제19집 1호, 2013, 107-141쪽.

조정민 편, 『동아시아 개항장 도시의 로컬리티』, 소명출판, 2013.

조명래, 「모빌리티 공간(성)과 모바일 어버니즘」, 『서울도시연구』 16(4), 1-23쪽.

존 어리, 『모빌리티(Mobility)』, 강현수·이희상 공역, 아카넷, 2014.

제임스 폴콘브리지·앨리슨 후이 편저, 『모빌리티 연구 10년, 모바일 장의 발자취』, 하홍규 역, 앨피, 2019.

존 듀이, 『경험으로서 예술 I』, 『경험으로서 예술 II』, 박철홍 역, 나남, 2016.

피터 애디, 『모빌리티 이론』, 최일만 역, 앨피, 2017.

피터 메리만·린 피어스 편저, 『모빌리티와 인문학』, 김태희·김수철·이진형·박성수 옮김, 앨피, 2019.

한지은, 『도시와 장소기억』, 서울대학교출판문화원, 2014.

R. J. 번스타인, 『존 듀이 철학 입문』, 정순복 역, 예전사, 1995.

W.J.T.메첼, 『그림은 무엇을 원하는가』, 김전유경 옮김, 그린비, 2012.

Edward S. Casey, *The Fate of Place: a philosophy history*, University of California Press, 2013.

Erika Suderburg ed., *Space Site Intervention: Situating Installation Art*, University of Minnesota Press, 2000.

Hal Foster, *Recoding*, Seattle: Bay Press, 1985.

Hal Foster, *The Art-Architecture Complex*, W W Norton & Co.Inc, 2013.

Jeff Mapas, *Place and experience : a philosophical topography*, Taylor & Francis, 2018.

Julie H. Reiss, *From Margin to Center: The Spaces of Installation Art*, MIT Press, 2001.

Kevin Melchionne, "Rethinking Site-Specificity: Some Critical and Philosophical Problems", *Art Criticism* vol.12, no.2, 1997, pp.37-49.

Peter Sunders, *Social Theory and the Urban Question*, Routledge, 2004.

James Meyer ed. *Minimalism : Theme and movement*, London: Phaidon Press, 2000.

Miwon Kwon. "One Place After Another: Notes on Site Specificity", *Space Site Intervention: Situating Installation Art*, ed. Erika Suderburg, London: University of Minnesota Press, 2000.

Nick Kaye, *Site Specific Art : Performance, Place and Documentation*, London: Routledge, 2000.

Susan Hapgood, "Remaking Art History", *Art in America,* July. 1990, pp.115−122.

찾아보기

〈ㄱ〉

가상 70, 126
가상현실 60
가상공간 64
감염병 64
개념미술 96
개념적 70
개인기억 16, 115
개입 46
개항 15, 80
개항장 15, 75, 81, 128, 129, 137
거리예술 73
걷기 73, 77, 83, 123
고고학 84
고급문화 155
고속도로 56
공간 35, 69
공공미술 40, 46, 93, 96, 152
공동체 37
공동화 현상 40
공업도시 16
공항 56
과정미술 96
관광객 37, 72
관광사업 42
관람객 34, 62, 93, 124, 126
관상학 57

괭이부리마을 21
구도심 43, 72, 73, 128
구본아 106
굴껍데기 134
근대역사경관 80
기능기억 101, 114
기능적 장소 89
김순임 106
김하림 147

〈ㄴ〉

나폴리 47
네트워크 60, 66, 85, 113
노스탤지어 80
노정하 148
뉴욕 70

〈ㄷ〉

다운타운 72
대지미술 96
도시계획 90
도시사회학 38
도시예술학 40
도시인문학 38, 40, 45
도시재생 42, 43, 74, 128
도시정치학 38
도시지리학 38

독해 51, 57
디자인 84
디즈니화 136

〈ㄹ〉
런던 70
레지던시 71
로컬리티 104, 151, 153

〈ㅁ〉
마르세유 47
마케팅 42
만국기 155
모빌리티 6, 30, 46, 51, 60, 62, 66,
　　78, 123, 152
모빌리티스 68
모스크바 47
모티브 32, 35, 37, 45, 78, 110, 122
무용 84
문학 84
문화산업 44
문화시설 44
문화형태 38
물질성 59
미니멀아트 91, 126

〈ㅂ〉
반상업성 61
배다리 137
배미정 118
베를린 47
변증법 58

보행 47, 77
브랜딩 42
비물질성 33, 59, 70, 96
비상업성 61
비장소 36
빈부격차 40
빌딩숲 73

〈ㅅ〉
사실주의 51
사유이미지 58
사이트 69
산책자 51, 58
상업화 61
상하이 80
상호관계 69, 77
샌프란시스코 94
생활글 83
생활예술 44
설치미술 61
순환하는 실체 65
스토리텔링 42
스페이스아도 5, 25, 74
시간 35
시점 50
시카고 72
신도시 43, 72
신포동 26
신화 78
실체 39
심경보 55

〈 ㅇ 〉

아도크리에이션 74

아우라 58

아카이빙 73, 111, 112, 152

앨런 캐프로우 97

역사성 49

역사학 84

연극성 90, 98, 127

영종도 75

영화학 84

예술 지상주의 34

오브제 89, 94

오숙진 138

올드타운 72

우각로 73, 137

우리미술관 134

월미도 75, 138

위성도시 17

유목적 126

유목주의 69

유휴산업공간 44

융합학문 41, 45

이국적 80

이데올로기 38

이동 60, 79

이민경 157

인천상륙작전 14

인천아트플랫폼 23

일시성 61

〈 ㅈ 〉

자본주의 39, 48

자유공원 15, 129

잔해 풍경 110

장소 35, 36, 69, 87, 125

장소 경험 47

장소성 6, 13, 41, 42, 46, 57, 88, 114, 125

장소특정성 61, 62, 87, 88

재현 52

저급문화 155

저장기억 101, 114

정물 33

정주지 41

조계지 15, 80, 155

존 듀이 23, 98, 102

존 어리 62, 68, 84

좌표 122

지리학 79

지역성 49

지역주의 90, 126

지역학 45

진경 50

집단기억 14, 115

〈 ㅊ 〉

차이나타운 15, 26

참여 46

창작공간 44

초주관적 85

최영 49

축제 42

〈 ㅋ 〉
커뮤니티 아트 46

〈 ㅌ 〉
특화 거리 44

〈 ㅍ 〉
파리 47
파사젠베르크 47
파편화 49
패러다임 60, 65
퍼포먼스 84, 96
표상 39

풍경 33, 50, 58, 87

〈 ㅎ 〉
하위학문 39
항구도시 16
해프닝 96, 97, 126
현상학 34
혼성 145
혼성도시 156
혼종 67
황금비례 34
흔적 58

정상희

아도크리에이션 공동대표
서울시립대학교 환경조각학과 졸업
홍익대학교 일반대학원 미술사학과 석사졸업
Ohio University, Interdisciplinary Arts (Art History & Film Theory) 박사수학
서울시립대학교 일반대학원 건축학과 박사수료

• 주요저서
『시카고와 인천, 도시 만나기 : 시각예술로서 도시 읽기』(저서)
『팝아트 : 예술과 상품의 경계에 서다』(역서)
『천사와 악마, 그림으로 읽기』(역서)
『Art, 세계 미술의 역사』(역서)
『죽기 전에 꼭 봐야 할 세계 건축 1001』(역서)

인천학연구총서 47
인천의 장소 특정성, 걷기의 모빌리티와 도시를 경험하는 예술

2021년 2월 26일 초판 1쇄

기 획 인천대학교 인천학연구원
지은이 정상희
사 진 이홍규
펴낸이 김흥국
펴낸곳 보고사

등록 1990년 12월 13일 제6-0429호
주소 경기도 파주시 회동길 337-15 보고사 2층
전화 031-955-9797(대표)
    02-922-5120~1(편집), 02-922-2246(영업)
팩스 02-922-6990
메일 kanapub3@naver.com / bogosabooks@naver.com
http://www.bogosabooks.co.kr

ISBN 979-11-6587-152-9 94300
     979-11-5516-336-8 (세트)
ⓒ 정상희, 2021